Niclas Lahmer

FINANZIELLE INTELLIGENZ

WAS SIE IN DER SCHULE HÄTTEN LERNEN SOLLEN

FBV

Bibliografische Information der Deutschen Nationalbibliothek:
Die Deutsche Nationalbibliothek verzeichnet diese Publikation in der Deutschen Nationalbibliografie. Detaillierte bibliografische Daten sind im Internet über https://dnb.de abrufbar.

Für Fragen und Anregungen
info@m-vg.de

6. Auflage 2025
© 2018 by FinanzBuch Verlag,
ein Imprint der Münchner Verlagsgruppe GmbH
Türkenstraße 89
80799 München
Tel.: 089 651285-0

Alle Rechte, insbesondere das Recht der Vervielfältigung und Verbreitung sowie der Übersetzung, vorbehalten. Kein Teil des Werkes darf in irgendeiner Form (durch Fotokopie, Mikrofilm oder ein anderes Verfahren) ohne schriftliche Genehmigung des Verlages reproduziert oder unter Verwendung elektronischer Systeme gespeichert, verarbeitet, vervielfältigt oder verbreitet werden. Wir behalten uns die Nutzung unserer Inhalte für Text und Data Mining im Sinne von § 44b UrhG ausdrücklich vor.

Die im Buch veröffentlichten Ratschläge wurden vom Verfasser und Verlag sorgfältig erarbeitet und geprüft. Eine Garantie kann jedoch nicht übernommen werden. Ebenso ist die Haftung des Verfassers beziehungsweise des Verlages und seiner Beauftragten für Personen-, Sach- und Vermögensschäden ausgeschlossen.

Redaktion: Judith Engst
Korrektorat: Sonja Rose
Umschlaggestaltung: Niclas Lahmer, Marc Fischer
Satz: Carsten Klein, München
Druck: GGP Media GmbH, Pößneck
Printed in Germany

ISBN Print 978-3-95972-102-8
ISBN E-Book (EPUB, Mobi) 978-3-96092-174-5

Weitere Informationen zum Verlag finden Sie unter

www.finanzbuchverlag.de

Beachten Sie auch unsere weiteren Verlage unter www.m-vg.de

Inhalt

Vorwort zur fünften Auflage 5

Danksagung 8

Einleitung 9

Kapitel 1: Finanzielle Intelligenz.................... 21

Kapitel 2: Der Fahrplan 33

Kapitel 3: Seine Geschichte kennen 41

Kapitel 4: Konditionieren........................... 47

Kapitel 5: Kommunikation.......................... 59

Kapitel 6: Geld verstehen lernen (Teil 1).............. 75

Kapitel 7: Geld verstehen lernen (Teil 2)..............113

Kapitel 8: Budgetieren wie ein Millionär 137

Kapitel 9: Werte schaffen 155

Anmerkungen 166

Abschließende Worte 169

Über den Autor....................................171

Quellen 172

Für meine liebevollen Eltern

Vorwort zur fünften Auflage

Die Finanzielle Intelligenz wird oft missverstanden. Seit Erscheinen der ersten Ausgabe dieses Buches wurde ich immer wieder darauf angesprochen, ob ich Seminare geben würde und damit mehr Menschen beibringen könne finanziell intelligent zu werden, und ob ich Bodo Schäfer kenne! Als sei der Weg vorbestimmt und klar wozu mir das Buch verhelfen sollte. Stattdessen ist dieses Buch für mich kein Mittel zum Zweck. Das Buch in Ihren Händen soll Ihnen dienen. Es soll Ihnen nicht zeigen wie Sie schnell reich werden! Obgleich Reichtum durch die Finanzielle Intelligenz eine Möglichkeit ist. Das oberste Ziel ist es jedoch Freiheit zu gestalten. Vor allem finanzielle Freiheit.

Viele meiner Leser haben mir seit der ersten Ausgabe Briefe, Mails und Social-Media-Nachrichten gesendet und sich für das Wissen und mein Buch bedankt. Mich ehrt dieses Feedback sehr. Obwohl sich seit der Veröffentlichung gesetzlich einiges im Steuer- und Versicherungsrecht geändert hat, sind die Regeln der Finanziellen Intelligenz unantastbar. Was bringt Ihnen eine Auflistung an Regeln die für einige Jahre halten? Die Finanzielle Intelligenz ist keine Regel und kein Prinzip, sondern eine Lebensform. Sie erlaubt es Ihnen Ihr Leben frei zu gestalten, offener, ehrlicher und bewusster zu leben und mit Ihrem Geld auf eine Art umzugehen, die wir in der Schule hätten lernen sollen. Diese Lebensform hat nicht nur mir finanziell enormen Erfolg gebracht, sondern auch meiner Leserschaft bereits geholfen. Ich entschied mich daher dazu, das Wissen um die Finanzielle Intelligenz für Menschen jeden Lebenswegs und Alters einfacher zugänglich zu machen. Seit der ersten Ausgabe dieses Buches erschien zusätzlich das Arbeitsbuch mit dem gleichen Titel, um das Gelernte in diesem Buch anzuwenden. Mein Arbeitsbuch dient Ihnen dabei sowohl als Journal, als auch als Finanzplaner. Ich wurde häufig dafür kritisiert, dass das Buch in Ihren Händen die Grundlagen der Finanziellen Intelligenz vermittelt. Das ist wahr. Ich habe die Erfahrung gemacht, dass es die Grundlagen sind, die zum Erfolg führen. Was ich nicht verstehe oder zu komplex ist, habe ich nie in mein Leben integriert und dadurch auch nie verdient oder durch Wohlstand aufbauen können. Für etwas fortgeschrittenere Gedanken, habe ich stattdessen das Buch *Finanziell intelligenter* veröffentlicht. Hier werden die grundlegenden Gedanken erweitert und jene Impulse gesetzt, die auch Sie zu mehr Reichtum durch Wohlstand, Gesundheit und positive Beziehungen führen werden. Am Ende des Tages ist Ihr Wohlstand mit diesen drei Variablen stark verbunden. Ihr Nettovermögen korreliert enorm mit der Qualität Ihres Netzwerks und Ihrer Gesundheit. Geld alleine macht Sie nicht reich. Doch mehr darüber in meinem Buch *Finanziell intelligenter*, das ich extra für jene Leser geschrieben habe, die mehr wollen, als nur ein finanziell durchschnittliches Leben zu führen. Das Buch in Ihren Händen ist dafür die Grundlage.

Da das System der Finanziellen Intelligenz ein beständiges System ist und heute, wie vor zweitausend Jahren, immer noch nicht an Aktualität und Signifikanz verloren hat, musste die neue Ausgabe dieses Buches nicht abgeändert werden. Ich wünschte zwar, dass unser Bildungssystem das Wissen um den richtigen Umgang mit Geld in der Schule lehren würde, doch um ehrlich zu sein, habe ich diese Hoffnung bereits aufgegeben. Der Staat wird niemals ein Interesse daran entwickeln seine Bürger zu befreien und finanziell aufzuwerten. Stattdessen obliegt es Ihnen, mir und uns, dieses Wissen zu erlernen und zu vermitteln. Jene Schüler der Finanziellen Intelligenz, welche beharrlich und diszipliniert an ihrer Finanziellen Intelligenz und Zukunft arbeiten, werden Großes vollbringen. Die Zukunft gehört denen, die sie gestalten. Die Finanzielle Intelligenz wird Ihnen dabei helfen, das Leben aufzubauen, welches Ihnen gerecht wird und welches Sie sich erträumen.

Ihr
Niclas Lahmer

Danksagung

Die Dankbarkeit ist wohl einer der meist verlorenen Werte der Gesellschaft, so scheint es mir. Doch es gibt immer ein Danke, das wir einem anderen Menschen schenken können. Warum tun wir es also viel zu selten?

Wie kann man allen danken, wenn man doch so vielen zu danken hat? Vielen Dank an all diejenigen, die mich auf meinem Weg ein Stück begleitet haben. Danke auch an alle, die mich nicht unterstützen wollten, denn auch durch euch habe ich an Kraft gewonnen. Danke euch allen für alles, was ihr mir gebt. Das werde ich euch niemals vergessen.

Den folgenden Menschen gilt mein ganz besonderer Dank: Dieses Buch widme ich meinen liebevollen Eltern, meiner Familie, die mich immer unterstützt hat und mir all Ihre Liebe offenbarte, um aus mir das Beste zu machen. Ich danke meinem Vater, der auch gleichzeitig mein bester Berater ist, für das Wissen und die Lebenserfahrung, die er mit mir geteilt hat. Ich danke meiner Mutter für ihre unerschütterliche Liebe und Geduld für meine Familie. Sie ist mein sicherer Hafen. Vielen Dank für den Halt in unserer Familie. Ich weiß, dass dies heutzutage nicht mehr selbstverständlich ist.

Mein Dank gilt auch meinen drei Großeltern für ihre Unterstützung in schweren Zeiten und ihren Glauben an mich. Ich weiß, dass ihr bei mir seid, auch wenn die Entfernung groß ist.

Einleitung

Wissen ist Macht.
Francis Bacon

Wir befinden uns in einer Zeit des Wandels. Noch nie in der Geschichte des Menschen hat sich die Welt so schnell verändert, wie sie es heute tut. Die Erfindung des digitalen Zeitalters, des Informationszeitalters, hat die Art und Weise, wie wir miteinander leben, völlig verändert. Bedenken wir einmal, wie sehr sich die Art und Weise verändert hat, wie wir miteinander kommunizieren, wie wir miteinander interagieren, wie wir bezahlen und wie wir Waren austauschen. Vor allem in den vergangenen 100 Jahren hat die Menschheit Entwicklungssprünge gemacht, die wahrlich wunderbar sind. Doch ich betrachte diese Sprünge manchmal auch mit Vorsicht. Wir haben heute das Internet, welches uns miteinander verbindet, in welchem wir Persönliches über uns preisgeben und der Öffentlichkeit zeigen. Gleichzeitig sind aber auch die Chancen mit Facebook, YouTube und Co. gewachsen. Nie war es so einfach, einen anderen Menschen oder auch ganze Menschenmassen zu erreichen, sie zu beeinflussen oder ihnen zu helfen. Der Warenverkehr hat sich dazu noch um ein Vielfaches gesteigert durch den weltweiten Ausbau der Lieferketten. Es ist wahrer Irrsinn, in dieser Zeit leben zu dürfen. Vieles hat sich verändert und andere Dinge haben seit der Industrialisierung keinen Schritt nach vorne gemacht. Leider gehört dazu auch das Bildungssystem. Ich habe in meinem Leben Schulen in Großbritannien, den USA und in Deutschland besucht. Der Einfachheit halber erhaschen wir in diesem Buch jedoch erst einmal einen Blick auf die Bundesrepublik und ihr Bildungssystem. Da haben wir vier Jahre Grundschule, weitere sechs Jahre Hauptschule, Realschule oder Gymnasium.

Für einige gibt es dann noch die Möglichkeit, in weiteren drei Jahren das Abitur zu machen. Dann folgt die Hochschule oder Universität mit Bachelor und Master, und das dauert insgesamt noch einmal rund fünf Jahre. Wir werden akademisch auf Hochleistung gedrillt, wobei die Resultate alles andere als rosig sind. Wir verbringen somit 18 Jahre unseres Lebens in der Schule und Hochschule. Das ist fast ein Fünftel eines Jahrhunderts! Ich habe selbst noch vor der Einführung von G8 mein Abitur gemacht und war mit der Grundschulzeit lange 13 Jahre in der Schule. Danach folgten bei mir fünf Jahre Bachelor und Master in Mindestzeit. Heute denke ich, dass man das auch hätte abkürzen können. Ich habe nie ein Jahr wiederholen müssen oder ein Semester mehr gebraucht, als mindestens erforderlich war, und dennoch war ich die ersten 24 Jahre meines Lebens im Bildungssystem Deutschlands gefangen. Vielleicht ist die Einführung von G8 genau das. Der Versuch, ein Jahr zu sparen. Die Kinder drücken länger am Tag die Schulbank, kommen abends noch kaputter nach Hause und haben weniger Zeit für ihre persönliche Entwicklung. Vor allem fehlte mir aber das richtige Wissen in der Schule. Die Universität kam dann nach der Schulzeit der Realität etwas näher: Die universitären Themen mögen sicher eine gewisse Praxisrelevanz aufweisen. Aber wie das dort vermittelte Wissen in der Praxis anzuwenden ist, das wird an den wenigsten Hochschulen gelehrt.

Als ich in meine erste eigene Wohnung zog, hatte ich weder viel Geld noch irgendeine Perspektive, wie ich in naher

Zukunft viel Geld verdienen könnte. Ich musste plötzlich Miete zahlen, Rechnungen, die im Briefkasten landeten, begleichen und meine Steuererklärung machen. Wie hatte mich die Schule für diesen Umstand vorbereitet? »Von wegen, Schule ebnet den Weg für das kommende Leben«, dachte ich mir damals schon. Vielleicht mag ich mich auch täuschen und Sie haben in der Schule gelernt, wie eine Steuererklärung funktioniert, wie man budgetiert, damit am Ende des Monats noch genug Geld in der Kasse ist, was ein Investment ist und welche zu Ihnen passen, warum fixe Kosten Ihr Untergang sein können oder warum Ihr Unterbewusstsein Ihr ganzes Leben finanziell ruinieren kann. Ganz ehrlich? Ich glaube, Sie haben diese Dinge genauso wenig in der Schule gelernt, wie ich es getan habe. Unser finanzielles Wissen schöpfen wir meistens nicht aus der Schule. Wir lernen es durch das einfache Modellieren der Verhaltensmuster unserer Mitmenschen. Meist sind das unsere Eltern. Wir spiegeln ihr Verhalten ganz unbewusst. Ob sie sich nun ums Geld streiten, sich über das Geld freuen, ob Geld ein Mangel ist oder ob es im Überfluss existiert: Wir kopieren das Verhalten unserer Eltern von klein auf und merken nicht, wie sich zerstörerische Verhaltensmuster in unser Bewusstsein und Unterbewusstsein einschleichen. Sie glauben nicht, dass das schon bei Kindern der Fall ist? Ich erinnere mich noch sehr gut daran, wie ich zu Schulzeiten von einer Mitschülerin als »reiches Bonzenkind« beschimpft wurde, weil mein Vater Manager war und ihre Eltern finanziell strauchelten. Ob wir nun arm oder reich waren, das wusste sie nicht. Sie hatte, ohne es zu wissen, die Verhaltensmuster und Bilder über Geld von ihren Eltern kopiert.

Das Gleiche können wir beinahe täglich in den Nachrichten sehen. Die Kommunisten schreien die Kapitalisten an, beschimpfen sie, gierig und machthungrig zu sein. Die Kapitalisten schreien zurück und nennen die Kommunisten Verräter und Diktatoren. Es ist eine dualistische Welt, in der wir leben. Kapitalisten gegen Kommunisten, Arm gegen Reich, Christen gegen Muslime, der Westen gegen den Nahen Osten. Die Liste ließe sich schier unendlich fortsetzen. Kinder kopieren die Verhaltensmuster und die Ansichten ihrer Eltern. Das ist eine Tatsache! Auch im Hinblick auf Geld! Ist Ihnen noch nie aufgefallen, dass Kinder von finanziell wohlhabenden Familien meist in ihrer Zukunft ähnlich finanziell wohlhabend sind? Ist Ihnen nie aufgefallen, dass es bei Menschen mit wenig Geld für die Kinder in der Zukunft meist nicht anders aussieht? Sicherlich – und glücklicherweise! – gibt es Ausnahmen, aber was ist mit der großen Masse? Sie werden jetzt vielleicht sagen: »Okay, das habe ich verstanden, aber wie lässt sich das verändern? Schließlich kann mein Kind nicht einfach aufhören, mich zu spiegeln.« Oder Sie werden sich fragen: »Dann sind also meine Eltern schuld an meiner jetzigen Situation?«

Bevor wir damit beginnen, wilde Schuldzuweisungen von uns zu geben, lassen Sie uns eines festhalten: Kinder spiegeln auch das Verhalten ihrer Eltern bezüglich des Geldes. Ihr Unterbewusstsein speichert alles ab, was Mama und Papa gesagt und getan haben. Jeder Streit ums Geld, jedes Mal, wenn Papa sagte, dass er nicht genug Geld habe, jedes Mal wenn eine bedrückte Stimmung zu Hause herrschte, für die der Mangel an Geld verantwortlich war. Wir haben all das gespeichert, und es ist ein Teil von uns geworden. Jetzt mag man von zuhause ausgezogen sein und die Kindheit verlassen haben. Hat sich etwas geändert? Nein! Die Verhaltensmuster sind immer noch da, und Sie haben sie mitgenommen. Sie lassen sich nicht so einfach ablegen.

Ich stelle die Behauptung auf, dass unsere Eltern uns alle lieben und geliebt haben. Ich gehe auch davon aus, dass keiner von ihnen uns das antun wollte. Doch wenn wir den vernünftigen Umgang mit Geld nicht von unseren Eltern lernen, wer soll ihn uns sonst zeigen? Etwa die Schule, geprägt von der staatlichen Bildungspolitik?

Wenn Sie das Ziel verfolgen, wohlhabend zu sein und finanziell erfolgreich zu werden, gebe ich Ihnen den Rat, die Ziele der deutschen Bildungspolitik auf das Schärfste zu hinterfragen. Selbstverständlich kann uns die Schulbildung keine finanziellen Kenntnisse vermitteln. Wie auch? Unsere Lehrer sind studierte Germanisten, Philologen, Künstler, Mathematiker, Theologen, Politikwissenschaftler, Historiker oder Geographen. Sie sind alle Menschen, die wir dringend brauchen in unserer Gesellschaft. Doch von Finanzen haben sie genauso viel in der Schule oder Universität gelernt wie Sie und ich, als wir noch zur Schule gingen. Die Schule lehrt uns nicht, was wir wissen müssen. Sie lehrt uns nicht, wie wir mit Geld umzugehen haben, wie wir es vermehren können und wie wir mit Geld schöne Dinge schaffen und erreichen können. Ganz im Gegenteil sogar. Meist sind unsere Lehrer selbst voller Vorurteile gegenüber reichen Menschen und verabscheuen sie. Ihr Unterbewusstsein bekommt diese Einstellung natürlich mit. Und da niemand, der Menschen mit viel Geld verabscheut, selbst verabscheut werden will, macht das Unterbewusstsein alles dafür, dass genau das nicht passiert. Das Resultat? Wenig Geld in der eigenen Kasse, aber wenigstens wird man nicht verabscheut.

Jetzt bleibt noch die Frage offen »Von wem sollen wir also lernen, was wir in der Schule nicht von unseren Lehrern und zu Hause nicht von unseren Eltern gelernt haben?« Lassen Sie uns vorerst noch einige Dinge klären.

Zunächst gilt es zu verstehen, dass wir heute in einer Zeit leben, die sich wie noch nie zuvor in der Geschichte rasant verändert hat. Der Schritt von der Industrialisierung bis hin zum Informationszeitalter ist für die Menschheit gigantisch gewesen. Wir leben heute mit vielen Veränderungen. Dazu gehören der internationale Terrorismus, in kurzen Abständen auftretende Finanzkrisen. Vorkommnisse wie die US-Immobilienkrise oder der Fall Lehmann Brothers im Herbst 2008 waren in diesem Ausmaß noch vor 100 Jahren undenkbar. Zwar gab es auch damals schon Krisen. Nehmen wir den Ersten und Zweiten Weltkrieg oder die Inflation von 1923 in Deutschland. Heutige Krisen allerdings vollziehen sich schneller hintereinander, und sie folgen auch schneller aufeinander, so scheint es. Krisen bringen Veränderungen mit sich, und mit den Veränderungen sind in der Vergangenheit stets neue Spielregeln dazugekommen, wie der globale Finanzmarkt und die Welt funktionieren. Die Welt ist weiter zusammengerückt. Komischerweise aber leben viele Menschen in dieser Welt immer noch nach den alten Regeln, den Regeln der Industrialisierung. Regeln wie: »Geh zur Schule, lerne fleißig, fang klein an und finde einen guten Job, kauf dir ein Haus, verschulde dich, arbeite hart bis zur Rente, zahl das Haus ab und nach der Rente darfst du sterben«. Na, halleluja! Ein Großteil der Menschen lebt heute so und erkennt nicht, dass am Ende des Horizonts der Abgrund kommt. Vollgas voraus, Captain! Wenn wir unseren Kurs nicht verändern und weiterhin nach den alten Spielregeln spielen, werden wir niemals zu den Gewinnern gehören. Wir spielen das neue Spiel nach den alten Regeln, während andere, die die neuen Regeln verstanden haben, mühelos an uns vorbeiziehen. Dabei geht es nicht um einen Wettlauf um Geld und um die Frage, wer am Ende am meisten davon besitzt. Das ist, verdammt noch mal, unser Leben, von dem wir hier sprechen, und nicht Monopoly! Es geht dabei viel mehr darum, das eigene Leben auszukosten. Glauben Sie mir, wenn ich Ihnen sage, dass man mit dem nötigen Kleingeld das Leben viel besser auskosten kann und damit sogar anderen Menschen in Not helfen kann. Ich denke, Sie wissen das.

Einleitung

Die Welt hat sich wahnsinnig verändert und während die anderen noch nach den alten Regeln spielen und nach Sicherheit suchen, schaffen sich andere das Leben ihrer Träume. Entweder Sie machen es, oder ein anderer tut es. Mit dem Grundbedürfnis nach Sicherheit versuchen wir Menschen, genug Geld zu verdienen, um zu leben. Das Bedürfnis nach Reichtum oder Wohlstand kommt dabei oft zu kurz. Für manche hat das Bedürfnis nach Reichtum, Anerkennung und Macht zu einer Gier geführt, die nie ein »Happy End« findet. Der Großteil aber ist darauf konzentriert, zu *über*leben und nicht zu *er*leben. Manchmal scheint dies sogar verständlich angesichts der wachsenden Unruhen in der Welt durch Terrorismus, Extremismus und Fanatismus. Wer soll da noch ruhig bleiben können, nicht wahr? Doch wer nur auf rauer See segelt, der muss auch damit rechnen, eines Tages Schiffsbruch zu erleiden.

Auf junge Menschen mag eine Welt voller Gefahren warten, und ältere Menschen mögen den Eindruck haben, dass sich in dieser Welt einfach gar nichts verbessert. Tatsächlich aber ist die Welt voller Möglichkeiten und Chancen für all diejenigen, die diese Chancen sehen und sie zu würdigen wissen. Eine Welt, die permanent im Wandel ist und niemals stillsteht. Warum also sollten wir stillstehen? Warum sollte unser Bildungssystem es tun?

Im Hinblick auf finanzielle Chancen sieht es prächtig aus in der heutigen Welt, und das trotz all der Krisen und Risiken. In einem sich so rasant verändernden Umfeld gibt es immer die Möglichkeit, die Welt mitzugestalten und dadurch auch einen gewissen Wohlstand aufzubauen. In den USA beispielsweise lebten 3,5 Millionen Millionäre im Jahre 2016. In Deutschland alleine gab es über 1,1 Millionen Millionäre im Jahre 2016. Überall sind Chancen und sie warten nur darauf, wahrgenommen zu werden. Reiche und wohlhabende

Menschen sind einfach nur diejenigen, die eben jene Chancen erkennen und nutzen. Während 1960 noch einer von vierhundert Menschen ein Millionär war, war es 1990 schon einer von fünfundfünfzig. Noch nie hat es in der Geschichte der Menschheit so viel Geld und so viel Wachstum gegeben. Die Möglichkeiten sind endlos, und für jeden gibt es genug zu erreichen. Noch nie waren so viele Menschen selbstständig und gelöst von einem Arbeitsverhältnis wie heute. Noch nie haben so viele Menschen die Chance ergriffen und ihr Leben selbst in die Hand genommen. Sie haben aufgehört, sich von Banken, Versicherern und Konzernen diktieren zu lassen, wie sie zu leben haben. Während die einen sich noch an alte Regeln klammern und nach festen Verträgen suchen, nutzen andere die Chancen des Wachstums und der Zeit. Alles beginnt dabei mit einer Entscheidung! In der Bibel mag zwar stehen, dass am Anfang das Wort war und dass es Gottes Wort war, dabei muss aber auch der große Meister vorher eine Entscheidung getroffen haben. Sie haben die Wahl, wo Ihr Leben hinführen soll und was Sie erreichen möchten, – Sie und sonst niemand! Beginnen Sie mit einer Entscheidung. Wie möchten Sie finanziell dastehen? Wieviel Geld möchten Sie verdienen? Was wollen Sie mit diesem Geld tun und was sind Sie bereit, dafür zu tun? Am Anfang steht eine Entscheidung, welche jeder selbst treffen muss. Nehmen Sie diese Entscheidung ernst und treffen Sie diese Entscheidung für Ihr Leben.

Meine Entscheidung fällte ich damals frühzeitig. Doch die Notwendigkeit, diese Entscheidung umzusetzen, kam erst mit dem Beginn meines Studiums. Ich hatte weder eine tolle Wohnung, noch hatte ich genug Geld, um schick essen zu gehen oder mir schöne Dinge zu leisten. Ich wohnte in einem Ein-Zimmer Appartement ohne warmes Wasser oder eine funktionierende Heizung. Ich aß fertiges Essen aus der Mikrowelle, da ich keine Küche besaß und schlief im Winter mit

Jacke, weil es zu kalt war. Man mag meinen, es sei normal, als Student pleite zu sein und nichts zu besitzen. »Nicht ich! Nicht mit mir!«, sagte ich mir immer. Ich lebte während der ersten beiden Jahre meines Studiums ohne Geld in den Taschen, aber während der letzten drei Jahre mit mehr Geld, als meine Lehrer aus der Schulzeit als Gehalt bekamen. Meine Bruchbude wich einer ansehnlichen Architektenwohnung, und endlich hatte ich auch eine Küche und konnte mir gesundes Essen zubereiten. Ich fand Chancen, nutzte sie und erlebte, wovon ich zuvor nur geträumt hatte. Ich begann, größere Summen zu investieren und meine ersten Schritte als erfolgreicher Unternehmer und Investor zu unternehmen. Das war damals alles sehr aufregend.

Ich erzähle Ihnen das nicht, weil ich damit prahlen möchte. Am Ende des Tages sind es nur Spielsachen, die das Leben angenehmer machen. Es sind materielle Dinge, ansehnliche Dinge, aber es bleiben dennoch nur Dinge. Ich schreibe Ihnen das, damit Sie verstehen, dass es möglich ist, jede nur denkbare Veränderung zu erreichen – auch eine finanzielle Veränderung. Es geht dabei gar nicht so sehr um Reichtum oder Ansehen, sondern vielmehr um die Möglichkeit, mehr Freiheit zu gewinnen. Geld kann einem Menschen Freiheit schenken.

Auch wenn Sie glauben, dass Sie am Boden sind und nicht weitergehen können, wird es einen Weg geben. Sie können – gleichgültig, wo Sie gerade in Ihrem Leben stehen – das Ruder herumreißen und durch Ihre Entscheidungen alles verändern. Ich glaube zwar, dass Studierende arme Wesen sind, aber ich glaube auch fest daran, dass jeder sein Schicksal alleine bestimmt. Für Studenten ist es nichts Außergewöhnliches, so gut wie gar nichts zu haben. Ich habe es als Student geschafft, und mich nicht ins Bild des typischen Studenten gefügt. Ich habe eine Entscheidung getroffen und diese beharrlich verfolgt, und Sie können das auch! Sie müssen dafür zum Glück kein Student sein oder überhaupt studiert haben. Sie können selbst ohne Schulabschluss erreichen, was ich erreicht habe. Sie können weiter kommen und höher klettern, als Sie es sich zurzeit erträumen. Und am allerwichtigsten ist, dass Sie das alles schaffen können, ohne dabei anderen Menschen wehtun oder etwas darstellen zu müssen, was Sie nicht sind. Ich habe am Anfang meines Studiums bei einer Investmentfirma gejobbt und genug Menschen gesehen, die mit Prunk zeigen wollten, was für tolle Menschen sie sind. Doch Sie müssen nicht so sein und können trotzdem genug Geld verdienen oder sich ein ansehnliches Vermögen aufbauen. Sie müssen dafür auch nicht zum Unternehmer oder Investor werden oder gar Ihren Job hinschmeißen. All das, was Ihnen so oft durch soziale oder andere Medien präsentiert wird, all das brauchen Sie nicht. Was Sie wirklich brauchen, ist eine Strategie, die Disziplin zur Umsetzung und das nötige Fachwissen.

Bitte verstehen Sie mich nicht falsch. Ich halte Geld für sehr wichtig, auch wenn es nicht das Wichtigste im Leben ist. Geld spricht die Sprache der Brieftasche und nicht des Charakters. Wenn Sie vorhaben, sich schöne Dinge zu kaufen, dann »Auf die Plätze – fertig – los!« Doch Geld ist ein Mittel, um viel mehr zu erreichen als nur Ansehen und Prunk. Geld ist für mich geprägte Freiheit, und neben den ganzen schönen Dingen, die man sich kaufen kann, ist mir doch Freiheit wichtiger als eine teure Uhr oder ein neuer Fernseher. Wie steht's mit Ihnen?

Der Weg und die Techniken, die Sie in diesem Buch kennenlernen werden, geben Ihnen die Möglichkeit, sich als Mensch zu entwickeln, mehr zu dem Menschen zu werden, der Sie sein wollen, und mehr Wohlstand zu erreichen. Was Sie dann mit diesem Wohlstand anfangen, bleibt Ihnen überlassen.

Wenn Sie die gewonnene finanzielle Freiheit darauf verwenden wollen, einen drauf zu machen und anderen Menschen ein neues Ich zu zeigen, das Sie gar nicht sind, dann ist das Ihre Entscheidung. Ich biete Ihnen mit diesem Buch den Weg an, mehr aus Ihrem Leben zu machen, Ihnen einen Ausweg aus der Falle zu zeigen, in der Sie wohlmöglich stecken. Ich biete Ihnen an, finanziell erfolgreicher zu werden, um damit auch das Leben von anderen Menschen nachhaltig zu beeinflussen. Vielleicht ist dies auch nicht der Weg, den Sie einschlagen möchten. In diesem Falle ist dieses Buch womöglich gar nichts für Sie. Doch wenn Sie Ihr Leben erweitern möchten, es teilweise neu erfinden und Ihr finanzielles Leben neu aufbauen wollen, dann ist dieses Buch genau das Richtige, um Ihnen den richtigen Weg zu zeigen.

Ich weise auch darauf hin, dass ich kein Versicherungsverkäufer oder selbsternannter Guru bin. Ich will Ihnen weder irgendeine Lebensversicherung noch ein Tschakka-Tschakka-Event andrehen. Ich habe dieses Buch vor allem für junge Menschen geschrieben – und für diejenigen unter Ihnen, die suchend sind. Für diejenigen, die noch nicht wissen, was sie mit Ihrem Leben anfangen sollen oder wie sie aus einer schwierigen finanziellen Situation herauskommen. Auch habe ich dieses Buch für diejenigen unter Ihnen geschrieben, die schon in jungen Jahren so waren wie ich: süchtig nach Wissen und einem Leben fernab vom Durchschnitt. Doch auch wenn Sie keiner dieser Menschen sind, mag dieses Buch Ihnen wohlmöglich nützlich sein.

Sie können durch die in diesem Buch beschriebenen Techniken und Strategien neben Ihrer technischen, handwerklichen oder akademischen Leistung und Bildung etwas werden, das ich »finanziell intelligent« nenne. Sie erlangen die finanzielle Intelligenz, jene Intelligenz, die Sie sich in der Schule nicht aneignen konnten.

In diesem Buch arbeiten wir uns durch ein Meer von Themen, Techniken und Strategien, die Ihnen teilweise unbekannt und teilweise bekannt sein werden. Zum Teil werden sie völliges Neuland für Sie sein. Sie werden von den finanziell erfolgreichsten Menschen lernen, wie diese mit Geld umgehen. Sie werden lernen, wie Millionäre mit ihrem Geld umgehen, es vermehren und es verwalten. Sie werden lernen, wie Sie genau diese Techniken in Ihrem Leben anwenden können, um größeren Wohlstand zu schaffen. Sie werden lernen, welche Fallen es gibt und in welcher Sie unbemerkt vielleicht jetzt schon sitzen. Ich werde Ihnen zeigen, wie Sie aus diesen finanziellen Fallen entkommen, neuen Schwung erhalten und wie Sie Ihre Ziele formulieren und effektiv erreichen können. Damit Ihr Unterbewusstsein Sie bei all den Techniken und dem großen Vorhaben nicht hindert, zeige ich Ihnen in den ersten Kapiteln, wie Sie das Unterbewusstsein steuern und neu programmieren können, um neue Verhaltensmuster zu schaffen. Mein Versprechen an Sie ist, dass Sie mit den hier beschriebenen Anwendungen zu einem wahrlichen Rockstar werden im Hinblick auf Ihre Finanzen. Sie werden finanziell intelligent und werden lernen, was Sie in der Schule hätten lernen sollen.

Kapitel 1:
Finanzielle Intelligenz

*Die Geschichte der Menschheit ist die Geschichte
der menschlichen Visionen.*
                                      Hans Kasper

Die Gesichter so vieler Menschen sind getrübt und voller Zorn. Sie schauen fern, verfolgen die Nachrichten, hören von korrupten Banken, Vorstandsvorsitzenden, die sich Hunderte von Millionen zahlen, arrogant im Fernsehen posieren und erklären, dass sie jeden Cent davon wert seien. Die Menschen hören, wie Milliarden in sogenannte Steueroasen verschifft werden und können ihren Ohren kaum trauen. Milliarden? Für eine Milliarde muss der Durchschnittsbürger etwa 25.000 Jahre lang in ein und demselben Job arbeiten. Eine unvorstellbare Zahl! Die Gier einiger weniger Privilegierter scheint überall zu sein. Die Medien schreien in den verschiedensten Ländern mehr oder weniger auf, abhängig von der politischen Richtung, von der sie geprägt sind. »So kann das nicht weitergehen«, lese ich in einer Zeitung. Der Kampf Arm gegen Reich, Kapitalisten gegen Kommunisten, der Krieg um die philosophische Grundidee von Freiheit und Gleichheit wird heute in den Medien ausgetragen, und sie wird benutzt, um die Massen zu beeinflussen. Wir alle hoffen, dass jeder Bürger und Mensch selbstständig denken kann und sich nicht beeinflussen lässt. Diese Vorstellung gibt mir Hoffnung. Dennoch höre ich jeden Tag die Parolen, die ich am

Vortag in den Nachrichten mitbekam, von den Menschen auf den Straßen. Der Hass gegen die Reichen ist getrieben von Neid, und die Gier einiger Reicher ist wiederum getrieben von Angst. Wo ist da bitte die Liebe für den Mitmenschen, von der Jesus immer sprach? »Was für eine Liebe auch, der aalglatte Typ dort fährt schließlich einen Ferrari. Bonze!« Das ist die Welt, wie sie von vielen Menschen gesehen wird. Doch es gibt auch eine andere Sichtweise, die ich manchmal beobachte und immer gerne begrüße. Es ist der Glaube an das Miteinander und die Erschaffung einer Welt, welche wir uns gemeinsam teilen.

Als ich zum jährlichen Tee bei meiner Großmutter zu Besuch war, hörte ich sie manchmal sagen: »Gott – die Welt hat sich so sehr verändert.« Sie hatte Recht, aber Gott war es nicht, der sie verändert hat. Wir waren es, die die Welt geformt haben. Gott war nur der Beobachter. Wir sind es, die die Welt formen und sie prägen. Die Welt ist komplexer geworden. Wir tauschen mehr Güter und Produkte miteinander, als wir es jemals zuvor getan haben. Das Zahlungsmittel, unser liebes Geld, ist dadurch nur noch flüssiger geworden. Ich kann heute buchstäblich innerhalb weniger Minuten Geldbeträge über den ganzen Globus schicken und sogar Geld ausgeben, welches ich gar nicht besitze. Was für eine irre Welt ist das denn, bitte?

Wir haben heute so viele Möglichkeiten und Chancen und scheinen doch nicht zu verstehen, wie wir ein besseres Miteinander schaffen können. Innerhalb eines Tages kann ich heute ein Unternehmen gründen. Dafür hätte ich noch vor 80 Jahren Fabriken, riesige Mengen an liquiden Mitteln und zudem Arbeiter gebraucht. Die Chancen sind für alle da. Selbst die kleine Mikaila, die mit gerade mal elf Jahren ihr erstes Unternehmen gründete und die Limonade ihrer Großmutter verkaufte, landete einen Millionen-Dollar-Deal und vertreibt heute ihre Limonade in über 55 Geschäften in den USA. Sie sieht diese Chancen. »Wahrscheinlich ein Kind reicher Eltern«, könnte man denken. Im Gegenteil. Mikaila kommt aus einem einfachen afroamerikanischen Zuhause in den USA. Wie groß, glauben Sie, sind die Chancen für eine elf Jahre alte, afroamerikanische kleine Lady im großen Meer der Wirtschaft? »Was weiß ich!« Ganz genau das wird Mikaila sich auch gesagt haben. Sie hatte eine Idee und eine Passion für diese Idee und hat einfach gehandelt, während andere Erwachsene immer noch in die Glotze schauen und sich fragen, was mit dieser Welt verkehrt läuft. In einer Welt, in der ein elfjähriges afroamerikanisches Mädchen eine solch tolle Chance sieht und sie wahrnimmt, da kann nicht alles schief laufen, denke ich. Wenn ich von Menschen wie Mikaila höre, schreit in mir etwas auf: »Mehr davon, bitte!« Wir haben alle Möglichkeiten der Welt, und das im wahrsten Sinne des Wortes. Gerade weil diese Welt sich so rasant verändert hat, haben wir diese Chancen. Doch bei all den Chancen lauern dort draußen die Gefahren und Risiken auf uns. Es ist heute weder einfach noch risikofrei, ein Unternehmen zu gründen oder den Job zu schmeißen, um sich für einen anderen Weg zu entscheiden. Unsere Zeit mag alle Chancen bieten, doch sie wahrzunehmen, ist schwierig. Hinzu kommt noch, dass der Irrglauben besteht, finanzieller Erfolg sei ohne ein eigenes Unternehmen nicht möglich. Doch später mehr dazu.

Ich arbeitete während meiner Studienzeit viel. Neben meinem Job im Finanzsektor war ich eine ganze Weile nachts bei FedEx tätig und in einer der großen Hallen, genannt Hubs. Dort sortierte ich Pakete, kennzeichnete, scannte und dokumentierte sie. Oft sprach ich mit anderen Teammitgliedern aus anderen Abteilungen und hörte wie sie von ihrem Leben erzählten. Sie erklärten mir, ihr Job sei eine Pflicht und sie ernährten damit Frau und Kind. Sie könnten niemals einen anderen Job machen, auch wenn Sie ihren derzeitigen hassten.

»Die Firma ist toll, aber ich mache das jetzt hier schon mein ganzes Leben lang. Ich dachte mein Leben würde anders verlaufen«, hörte ich sie sagen. Auf die Frage, was sie denn tun würden, wenn sie nicht hier Pakete schleppen würden, sagten sie: »Ich habe die Hoffnung einfach verloren, etwas anderes zu tun«. Doch irgendwann schilderten sie mir die verschiedensten Berufsträume. Der eine wollte Rennfahrer werden, der andere Feuerwehrmann und noch ein anderer wollte wiederum Maler werden. Wer gibt diesen Seelen ihre Hoffnung zurück und wer hat sie ihnen genommen? Die erste Frage mag ich nicht beantworten, da ich es schlichtweg nicht kann. Die zweite aber ist einfach zu beantworten. Wie wäre es mit den Eltern, Freunden oder der Schule, den Lehrern, die sie einst hatten? Na, eben jene Menschen, die den Grundstein in uns gelegt haben. Wenn ich an meine Schulzeit denke, waren da nicht viele Lehrer, die mich ermutigten oder begeisterten. Dennoch kannte ich zwei Lehrer, die damals den schwierigen jungen Mann niemals aufgaben, der ich war. Ich werde ihnen das nie vergessen. Den beiden verdanke ich eine ganze Menge. Mehr sogar, als sie ahnen. Wir brauchen solche Menschen. Wir brauchen Menschen, die Vorbilder sind für junge Leute, die jene Welt von morgen bestimmen werden. Wir brauchen nicht noch mehr gierige und korrupte Politiker und Verräter. Wir brauchen nicht noch eine weitere Bank, die verspricht anders zu sein und es doch nicht ist. Wir brauchen auch keine weiteren Rettungsschirme für Tieftaucher. Wer baden geht, nimmt einfach keinen Schirm mit. Nass wird er so oder so. So einfach ist das!

Denken ist die schwerste Arbeit, die es gibt.
Das ist wahrscheinlich auch der Grund,
warum sich so wenige Leute damit beschäftigen.
Henry Ford

Wir brauchen neue Ansätze, mit denen wir jungen Menschen eine neue Perspektive geben, ihnen zeigen, was wir vorher falsch gemacht haben und wie sie es besser machen können, ihnen aber auch zeigen, was wir richtig gemacht haben. Wir brauchen keine Welt, in der Facebook-Likes und -Posts wichtiger sind als das Miteinander. Wir brauchen keine Welt, in welcher Fotos auf Instagram von heißen Mietzen und schnellen Autos wichtiger sind als die eigene Familiengeschichte. Wir brauchen eine Welt, in der Kindern Hoffnung gegeben wird, Menschen mit Krankheiten die Zuversicht finden, geheilt zu werden, und in der Politiker wieder verstehen lernen, dass die Macht beim Volke liegt und nicht etwa in einer Runde geschwätziger Delegierter. Wir brauchen eine Welt, in welcher Geld nicht als die Wurzel allen Übels gesehen wird im Vertrauen darauf, dass es ja vielleicht doch irgendwo auf Bäumen wächst. Wir brauchen eine Welt, in der Menschen dazu ermutigt werden, ständig weiter zu lernen, zu wachsen und egal welchen Alters – niemals die Hoffnung auf ein besseres Morgen zu verlieren. Wir brauchen eine Welt, in der wir Vermögenswerte schaffen und keine weiteren Schulden anhäufen. Fortschritt, nicht Rückschritt!

Sicherlich kann ich mit diesem Buch nicht all das erreichen, und ich bräuchte eine dieser kuscheligen weißen Westen, wenn ich behaupten würde, es zu können. Der beste Ort, damit zu beginnen und etwas zu ändern, ist bei uns selbst. Wir können unser Leben selbst ändern und die Mission in diesem Buch lautet, unser finanzielles Leben neu zu gestalten.

In dieser neuen Welt werden die Menschen gewinnen, die erkennen, dass Wachstum – sei es finanzielles, berufliches oder persönliches Wachstum – nur möglich ist, wenn wir uns kontinuierlich darum kümmern. Die japanische Kaizen-Philosophie sagt genau dies in wenigen Worten. Was Sie kontinuierlich tun, bestimmt die Resultate in Ihrem Leben, und wenn Sie wachsen wollen, dann tun Sie es jeden Tag. Sowohl finanziell wohlhabende Menschen als auch beruflich erfolgreiche Menschen folgen genau dieser Philosophie. Sie sind hungrig auf mehr. Auf mehr Wissen und mehr Wachstum.

Ich war von Natur aus schon immer sehr neugierig und wissbegierig. Ich habe in jungen Jahren das Privileg gehabt, von den richtigen Menschen zu lernen und sie als Mentoren für mich zu gewinnen. Resultate und Erfolge kommen nicht von ungefähr und nicht über Nacht. Das musste ich genauso lernen, wie meine Mentoren und andere vor mir. Doch beginnen wir am Anfang, nämlich damit, wie ich gestartet bin.

Als ich die Schule verließ, um zu studieren, hatte ich nur ein Ziel. Ich wollte Unternehmer werden. Auf meinen Schultern saß ein Dickkopf und in meiner Brust schlug schon immer das Herz eines Unternehmers. Schon seit sechs Jahren hatte ich dieses Ziel vor Augen, und ich würde alles nur Erdenkliche dafür tun, um dieses Ziel zu erreichen. Ehrgeizig bis in die Haarwurzeln, studierte ich Betriebswirtschaft mit Hauptfach Logistik und Unternehmensführung. Ich dachte, eine fundierte akademische Bildung sei ein Garant für ein erfolgreiches berufliches und finanzielles Leben. Ich genoss das Privatstudium an einer renommierten Business School in Deutschland und wollte am liebsten gleich alles ausprobieren, was ich lernte. Ich gründete mit gerade einmal 19 Jahren im ersten Semester das Modelabel Quotes mit einem Freund, der Designer war. Wir gestalteten Oberbekleidung mit dekorativen Tattoo-Mustern, zu einer Zeit, in der Tätowierungen stark in Mode kamen, und wir vertrieben diese in großer Zahl. Doch der Erfolg blieb aus, als mein Geschäftspartner und ich uns zerstritten. Wir gingen baden. Es funktionierte nicht. Der Traum der supererfolgreichen ersten Unternehmung zerplatzte. Wenn auch in diesem Moment viele aufgegeben und den Traum des Unternehmerdaseins gestrichen hätten, betrachtete ich die Niederlage schließlich als Gewinn und sah sie als wertvolle Lektion an. Am Ende wurde das Restgeld verwendet, alle auszuzahlen, und das Unternehmen wurde eingestampft. Ich war nun um eine Riesenerfahrung reicher, um 5.000 Euro, die noch von meiner Konfirmation stammten, ärmer und noch motivierter, Unternehmer zu werden. »Am Ende gibt es nur einen Gewinn und Erfolg, vorher aber kommt eine Reihe von Niederlagen«, sagte ich mir immer. Doch es kam schlimmer als erwartet. Ich verließ die WG, in der ich wohnte, und zog in ein Ein-Zimmer-Appartement. Alles, was ich mir leisten konnte, war die wohl schlimmste Bruchbude, die ich jemals gesehen habe. Es gab kein warmes Wasser, keine Heizung, keine Küche. Ich hatte lediglich ein Bett, einen Schrank und einen Schreibtisch. »Super. Da ziehst du ein. Schlimmer kann es nicht werden. Dann ist wenigstens der Schmerz groß genug, um zu wissen, dass ich keinen Penny habe«, dachte ich mir. Als ich in dieses Loch mit vier Wänden zog, hatte ich keinen Penny mehr und auch keine Freundin. Meine Freundin hatte mich verlassen, denn ich war buchstäblich keinen Cent mehr wert. Wie schon die hedonistische Theorie zeigt, kann sich erst etwas verändern, wenn der Schmerz so unvorstellbar groß ist, dass auch die Notwendigkeit zur Veränderung besteht.

Es war Mittwochabend und ich saß an meinem Schreibtisch, zählte die wenigen Euros, die mir noch für die Woche blieben, um mir etwas zu essen zu kaufen. Ich erinnere mich noch daran, dass im Radio im Hintergrund »I see fire« von Ed Sheeran lief. Ich zählte 10-Cent, 20-Cent und 50-Cent Stücke, sammelte sie auf einem Haufen zusammen und kam auf 4,80 Euro. »Klasse! Eine Tiefkühlpizza«, dachte sich mein leerer Magen. An jenem Abend versagte meine Mikrowelle mit eingebautem Ofen. Meine 4,80 Euro schmolzen dahin und pappten nun auf der unteren Seite der Mikrowelle. An jenem Abend sank ich mit leerem Magen traurig ins Bett. Das war mein finanzieller Tiefpunkt. Genau an diesem Punkt traf ich eine Entscheidung. Ich setzte mir als Ziel, innerhalb von sechs Monaten aus diesem Loch auszuziehen, in eine schöne Wohnung umzusiedeln und genug Geld zu haben, um mir mehr als eine verdammte Tiefkühlpizza zu leisten. Ich wollte keine T-Shirts. Ich wollte Hemden. Ich hasste das Schummerlicht im Zimmer. Ich wollte richtiges Licht haben. Ich wollte eine Küche haben und kochen. Ich wollte da raus und endlich fähig sein, in meine Brieftasche zu greifen und dort keine Leere vorzufinden. Krisensitzung! Ich hatte 5.000 Euro meines ersparten Geldes verloren durch eine gescheiterte Gründung, hatte weniger als 40 Euro auf dem Konto für die nächsten zehn Tage des Monats, ich hatte keine Freundin mehr, dafür aber ein gebrochenes Herz, und ich hatte auch absolut keinen Schimmer, wie ich da rauskommen sollte. Bei meinen Unikosten, die beträchtlich waren, half mir zum Glück meine Großmutter. Doch was war mit meinen Lebenshaltungskosten? Es sah nicht rosig aus. Wenn Sie jemals so doll Hunger hatten und nicht wussten, ob Sie Freitag noch genug Geld haben würden, um warmes Essen kaufen zu können, dann wissen Sie, was ich meine. Zurück nach Hause zu ziehen und eine vernichtende Niederlage einzugestehen, war keine Option! So weit so gut. Ich begriff, dass der Zeitpunkt der Veränderung kommen musste. Der Schmerz war schließlich groß genug.

In schwierigen Zeiten wird man kreativ. Fünf Wochen später kam mein Dozent für Bilanzierung auf mich zu und sprach mich an. Er hätte von einer Studentin gehört, dass ich ihr Nachhilfe in Mathe gegeben hatte. Sie hatte die Klausur mit satten 95 von 100 Punkten abgeschlossen. Er fragte mich, ob ich noch Nachhilfeschüler annehmen würde und was der Spaß kosten würde. Ich stutzte einen Moment und ohne nachzudenken platzte ein »Pro Stunde kostet das 30 Euro«

heraus. Mir war auf einmal gar nicht wohl, das gesagt zu haben. Ich wusste ganz genau, wie viel 30 Euro für mich waren. Er grinste mich an und sagte »Super! Unter 30 Euro hätte ich dir keinen Nachhilfeschüler vermittelt. Nachhilfe muss Geld kosten!« Ich war wie von den Socken!

In den folgenden Wochen vermittelte er mir Dutzende Nachhilfeschüler, die pro Stunde 30 Euro zahlten. Ich war für mindestens 15 Stunden pro Woche ausgebucht. Als der Andrang größer wurde, kamen mehr Studenten pro Stunde in meine Nachhilfestunde. Auf einmal hatte ich vier bis fünf Personen pro Stunde bei mir sitzen. Der Preis änderte sich von 30 Euro pro Stunde auf 30 Euro pro Stunde und Person. Darauf kamen Studenten von anderen Hochschulen zu mir und wollten Hilfe in den Fächern Bilanzierung, VWL, Mathe und Kostenrechnung. Ich gab die Garantie, dass jeder meiner Nachhilfeschüler die Klausur bestehen würde, wenn er oder sie sich exakt an das hielte, was ich vermitteln würde. Genauso war es dann auch. Ich war so erfolgreich wie meine Nachhilfeschüler und wenige Monate nach der ersten Nachhilfestunde holte ich mir einen Kommilitonen dazu, der mir mit Statistik-Nachhilfestunden half. Jetzt hatte ich nicht nur mehr Erfolg, als ich überhaupt hatte erahnen können, sondern ich ermöglichte es auch einem anderen Menschen, einen ähnlichen Erfolg zu genießen. Dann wurde die Uni auf mein kleines Geschäftsmodell aufmerksam und man bot mir an, samstags für 40 Leute gleichzeitig Vorbereitungsvorlesungen zu geben. Am Samstagnachmittag vier Stunden lang Mathe zu erklären, brachte mir mächtig viel Geld ein. Glauben Sie etwa, dass ich jemals »Nein« zu irgendeiner Chance gesagt hätte? Ich gab oft bis 22 Uhr abends Nachhilfe, aber das Ergebnis war es wert.

»Man kann einfach so 30 Euro verlangen oder pro Stunde 250 Euro verdienen?«, mögen Sie sich fragen. Ja, das kann man. Auch als Student. Heute weiß ich, dass es sogar weit mehr als 250 Euro pro Stunde sein können. Sie können mir glauben, denn selbst mein Anwalt nimmt 400 Piepen pro Stunde. Luft nach oben gibt es immer. Sie können mir glauben, dass es mir am Anfang wie totaler Irrsinn vorkam. Ich dachte, es wäre utopisch, so viel Geld zu verlangen. Ich fühlte mich schon fast nicht richtig im Kopf. Alte Gewohnheiten und Glaubensmuster reden einem rein und versuchen, das eigene Vorankommen zu sabotieren. Dabei ist es ganz einfach. Wenn die Nachfrage da ist und das Produkt vom Kunden dringend benötigt wird, ist der Kunde bereit, dafür auch einen gewissen Betrag zu bezahlen. Das Produkt oder die Dienstleistung muss allerdings auch qualitativ hochwertig sein und den Preis rechtfertigen. Alles andere wäre falsch! Durch meine Garantie bekam meine Nachhilfe das Siegel »Premiumprodukt« und wurde gerne angenommen. Das Beste kommt aber noch. Wissen Sie, wie es ist, wenn junge Menschen ohne einen Plan von Mathematik zu Ihnen kommen und am Ende sind, weil sie so große Angst vor der Klausur haben und ein paar Wochen später zu Ihnen zurückkommen und grinsend erzählen, dass sie die Klausur mit Bravour bestanden haben? Es ist ein klasse Gefühl und gibt den endlosen Stunden der Mathematik einen Sinn. Sie können also jemandem Hoffnung schenken, Menschen helfen und dafür auch noch viel Geld verdienen. »Wahnsinn«, dachte ich mir. Als ich die Uni verließ und mein Nachhilfegeschäft an meinen Kommilitonen abgab, könnte man meinen, der Erfolg hätte aufgehört. Pustekuchen! Ich hatte den Dreh jetzt raus und wollte noch höher hinaus. Ich wollte mehr Menschen helfen und Probleme lösen. Es musste ja nicht Mathe oder Nachhilfe sein, aber genug Probleme gab es da draußen definitiv. »Also warum auch nicht?«, dachte ich mir. Es ist im Grunde genommen wie Fahrrad fahren. Wenn Sie erst einmal herausgefunden haben, wie Sie anderen Menschen das geben können, was diese sich wünschen und überdies dringend brauchen, dann kommt auch das Geld. Sie müssen erst dienen, dann verdienen. Sie müssen verstehen, wie Geld funktioniert, wie es erwirtschaftet wird und warum es zu ihnen fließt.

»Sie müssen erst dienen, dann verdienen.«

Auch wenn Sie nun vielleicht denken, dass wir in diesem Buch jetzt lieber über Mathe sprechen sollten, versichere ich Ihnen: Heute weiß ich, dass es nicht Mathe war, was das Geld brachte. Es war all das, was ich vor der Nachhilfe tat. Es waren die Veränderungen in meinem Unterbewusstsein, die ich vorgenommen hatte, es waren die Techniken, mit denen ich das Geld verwaltete und es investierte, die zu mehr Erfolg führten. Ich hatte gelernt, aus einem Stundenlohn von 250 Euro eine Rendite von 500 bis 1000 Euro zu erwirtschaften. Diese wurden dann wiederum weiter investiert und daraufhin noch einmal reinvestiert. Das Ergebnis war für mich die Freiheit, von der ich immer geträumt hatte. Bitte glauben Sie jetzt nicht, dass Sie im Folgenden lernen, wie Sie ein Nachhilfegeschäft aufbauen. Das wäre völliger Blödsinn.

Geld verdienen können Sie an Problemen, und davon gibt es reichlich in dieser Welt. Jedes noch nicht gelöste Problem ist ein noch nicht gegründetes Unternehmen. Es ist wie mit Domino-Bausteinen. Wenn Sie den ersten angestoßen haben, kommt alles andere von selbst. Sie sehen auf einmal überall Chancen und würden am liebsten alle gleichzeitig wahrnehmen. Sie sind dauerhaft begeistert von all den Dingen, die Sie sehen, anpacken und in Gold verwandeln. Sie haben dann eine Art Midas-Gabe mit dem Unterschied, dass nicht Ihre Mitmenschen sich in Gold verwandeln, sondern Ihre Chancen. Ich habe seither nicht zurückgeschaut, unzählige Projekte umgesetzt und tolle Erfolge gefeiert in meinen jungen Jahren. Habe ich auch Fehler gemacht? Na klar, aber das ist doch das Tolle dabei. So bleibt es immer spannend. Es begann alles damit, dass ich eine Entscheidung getroffen habe, die richtigen Techniken angewendet habe und etwas wusste, was viele entweder nur zu wissen vorgeben, wonach sie nicht handeln wollen oder wovon sie absolut keinen Schimmer haben. So begann meine Geschichte und so machte ich meine ersten Schritte als Unternehmer. Bin ich deshalb jetzt der allwissende, große Medizinmann? Weit entfernt! Ich lerne jeden Tag dazu, mache Fehler, feiere Erfolge und habe Spaß daran, Neues zu entdecken. Das wird, denke ich, auch noch in zwanzig Jahren der Fall sein. Ich arbeite weiter an größeren Zielen und wachse in diesem Prozess. Das dabei alles mit der Mathematik begann! Wenn das mein Mathelehrer aus der Schulzeit wüsste!

Alles, was ich Ihnen zeigen kann, ist, wie Sie den ersten Ihrer Steine ins Rollen bringen können und wie alles, was darauf folgt, wie durch Magie von selbst geschieht. Ich werde Ihnen zeigen, wie Sie finanziell intelligent werden. Im nächsten Kapitel ist es nun Zeit zu klären, wie auch Sie finanziell erfolgreicher werden und kleine in große Erfolge verwandeln können. Sie können dafür überall beginnen, brauchen keinen Schimmer von Mathe zu haben und müssen auch keine Nachhilfe geben. Eine wunderbare Welt voller Chancen wird sich Ihnen eröffnen.

Kapitel 2:
Der Fahrplan

Es ist nicht genug zu wissen – man muss auch anwenden.
Es ist nicht genug zu wollen – man muss auch tun.
Johann Wolfgang von Goethe

Finanzielle Veränderungen sind nicht das Ergebnis von Glück. Sie sind das Resultat zielgerichteter Aktionen. Diese Aktionen haben einen Sinn und zwar denjenigen, Ihren finanziellen IQ zu erhöhen. Genauso wie Ihr Intelligenzquotient, kurz IQ, besitzen Sie neben dem emotionalen IQ, dem EQ, einen FQ, den finanziellen Intelligenzquotienten. Er ist sogar messbar. Sie glauben mir nicht? Wie groß ist Ihr Nettovermögen? Der FQ lässt sich direkt durch Ihr Kapital messen. Während der IQ Ihr geistiges Kapital und der EQ Ihr emotionales Kapital misst, so misst Ihr FQ einfach nur, wie intelligent Sie mit Geld umgehen. Raten Sie mal, was passiert, wenn Ihr FQ hoch ist? Richtig geraten! Mehr Geld fließt Ihnen zu und mehr Geld bleibt Ihnen erhalten. Nicht nur zu verdienen, sondern auch zu behalten, macht einen Menschen wohlhabend. Finanziell erfolgreiche Menschen sind allesamt finanziell intelligent. Sie haben alle einmal damit begonnen, finanziell intelligent zu werden. Sie sind Risiken eingegangen, haben Niederlagen erlebt und daraus gelernt. Sie haben nie aufgegeben und weiter an ihren Fähigkeiten und ihrem FQ gearbeitet.

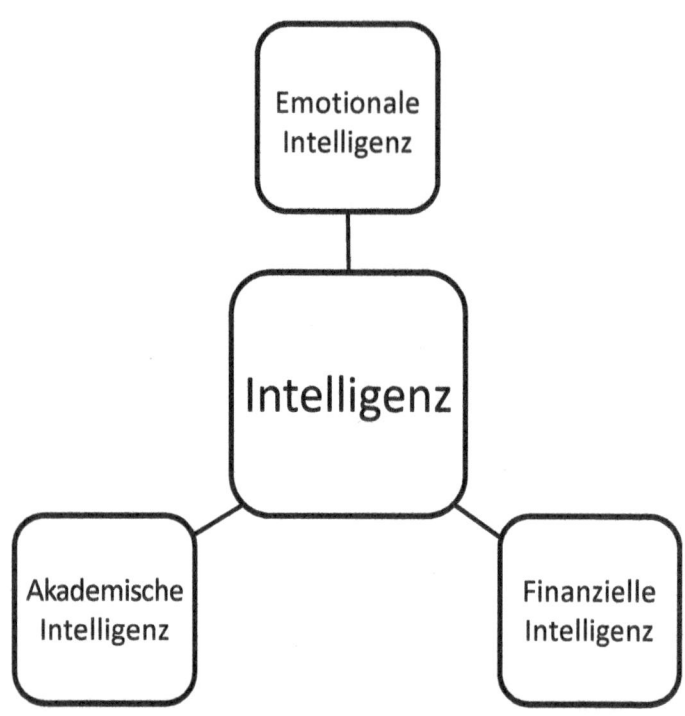

Während der eine vielleicht denken mag, dass meine Chancen, mit Nachhilfe das Traumleben eines Studenten zu führen, pures Glück waren, so war es doch das Ergebnis spezifischer Taten und Umstände, die dazu führten, dass sich diese Chancen überhaupt so zahlreich eröffneten. All das wiederum war das Resultat dessen, dass ich meinen FQ gesteigert habe und finanziell intelligent wurde. Damit auch Sie finanziell intelligent werden, arbeiten wir uns nun durch einen Sieben-Punkte-Plan durch, der Ihnen dazu verhelfen wird, Ihre finanziellen Absichten in die Realität umzusetzen. Jedes der folgenden Kapitel wird sich daher einem dieser Punkte widmen und ihn detailliert erarbeiten. Doch lassen Sie uns schon jetzt einen Blick auf diesen Sieben-Punkte-Plan erhaschen. Ich empfehle Ihnen dringend, kein Kapitel auszulassen, auch wenn Sie glauben, es bereits schon besser zu wissen. Wissen bedeutet nicht handeln.

Punkt 1: Die eigene Geschichte kennen
Haben Sie einmal die Rede von Martin Luther King gehört, die in die Geschichte einging? »I have a dream«, rief der junge Mann namens Martin Luther King auf dem Platz vor dem Lincoln Memorial und ebnete den Weg für viele afroamerikanische Menschen in den USA, beeinflusste, inspirierte und motivierte sie, ihr Schicksal zu verändern. Martin Luther King war ein Mann voller Visionen, Tatendrang und Energie. Er zählt noch heute zu den größten Persönlichkeiten, die jemals gelebt haben. Er bezog seine Stärke aus seiner persönlichen Geschichte und seinem persönlichen Hintergrund. Obwohl Martin Luther King kein Milliardär war, besaß er etwas viel Wertvolleres. Er besaß den Willen, alles schaffen zu können, was er sich in den Kopf gesetzt hatte. Er hatte eine Vision von einem Amerika, in dem afroamerikanische und weiße Amerikaner gleichbehandelt werden.

Um Ihre Ziele zu erreichen, brauchen Sie genau diese Kraft. Sie brauchen eine unumstößliche Macht tief in sich, welche es Ihnen erlaubt, durch harte Zeiten zu gehen und aus diesen Zeiten wie ein Phönix aus der Asche wieder aufzustehen. Dafür müssen Sie Ihre Geschichte kennen, Ihren Grund, Ihr großes »Warum«. Ihr »Warum« ist es, das Sie beflügeln wird. Warum wollen Sie finanziell wohlhabend werden? Vielleicht sind Sie jung und sagen: »Ich brauche ein Sportauto und mehr Geld, damit ich bei Frauen attraktiver bin.« Oder Sie sind schon etwas weiter und sagen: »Ich möchte mehr Geld verdienen, um meiner Familie und meinen Kindern ein besseres Leben zu ermöglichen.« Wie auch immer Ihr »Warum« aussieht, Sie brauchen es. Wie Sie Ihre Geschichte als Katalysator nutzen können, um an Stärke zu gewinnen und von einer unaufhaltsamen Macht in Richtung Erfolg getrieben zu werden, lernen Sie im ersten Kapitel.

Punkt 2: Konditionieren
Unser Mindset repräsentiert all unsere Denkweisen, unsere Glaubensmuster und unsere Wahrnehmung dieser Welt. Wir können uns das Ganze vorstellen wie das Eisbergmodell aus der Psychologie. Was wir sind, aber was nicht sichtbar oder fühlbar ist, liegt unter der Oberfläche und repräsentiert damit unsere Glaubensmuster, unsere Denkweise und unsere Wahrnehmung dieser Welt. Diese Glaubensmuster, tief verborgen im Unterbewusstsein, bestimmen die Oberfläche und damit die Welt, wie wir sie wahrnehmen. Wenn Sie eine Welt wahrnehmen, die kalt und grau ist, aus der Sie keinen Ausweg sehen, die Sie finanziell schier erdrückt, wird das auch immer so bleiben, bis zu dem Tag an dem Sie Ihr Mindset überarbeiten. Ihr Mindset wird zum größten Teil durch Ihr Unterbewusstsein gesteuert. Die Oberfläche wird direkt von all dem beeinflusst, was unter der Oberfläche liegt. Wenn Sie lernen, diesen Teil, das große Unterbewusstsein, zu kontrollieren, es neu zu programmieren und zu konditionieren, es mit Informationen zu füttern, wie Sie Ihr Leben gestalten wollen, eröffnet sich Ihnen eine ganz neue Welt voller Chancen und Möglichkeiten. Das zweite Kapitel ist daher von so essenzieller Bedeutung. Denn egal, wie gut Sie in diesem Buch zu budgetieren oder zu investieren lernen, solange Ihnen Ihr Mindset im Wege steht, gehen Sie nirgends hin.

Punkt 3: Kommunikation
Die Art und Weise, wie Sie mit anderen und sich selbst kommunizieren, bestimmt die Qualität Ihres Lebens. Aus diesem Grund sprechen wir im dritten Kapitel über Kommunikation. Sie werden lernen, wie Sie ein Netzwerk an Chancen errichten, wie Sie sich selbst beeinflussen, um ein größerer Mensch mit einem größeren FQ zu werden, und Sie werden lernen,

welche Routinen Sie schaffen können, die von finanziell erfolgreichen Menschen genutzt werden. Durch die richtige Kommunikation wird genau diese Art von Chancen auf Sie zukommen. Die Art von Chancen, die auch ich erhielt. Alles, was Sie dann noch tun müssen, ist, diese zu nutzen.

Punkt 4: Geld verstehen lernen (Teil 1)
Im Kapitel 4 werden Sie die Grundlagen finanzieller Begriffe lernen und erfahren, was Sie über Geld wissen müssen. Geld ist weitaus mehr als nur ein Zahlungsmittel. Es verfügt selbst über eine Geschichte, welche Sie verstehen müssen. Warum? Wenn Sie die Grundkenntnisse nicht erwerben, brauchen wir gar nicht erst mit dem Teil für Fortgeschrittene beginnen.

Punkt 5: Geld verstehen (Teil 2)
Wenn Sie dann Ihre Grundkenntnisse erlangt haben, kommen wir zum spannenden Teil, in welchem wir über Steuern sprechen. Denn wie bereits gesagt, wird nur der wohlhabend, der nicht nur viel Geld verdient, sondern es auch behält. Sie werden lernen, wie die Steuergesetze funktionieren, ohne dabei langweilige Gesetzestexte zu wälzen. Sie werden dies vor allem mit der Zielrichtung tun, Steuern zu sparen. Ich werde Ihnen zeigen, wo genau das Steuergesetz Sie sogar darum bittet, Geld zu sparen und wie Sie endlich Ihre Steuerlast mildern. Sie werden des Weiteren lernen, vor wem Sie Ihr Geld schützen müssen und wie Sie das tun können. Sie werden die wichtigste Regel der Finanzwelt kennenlernen: wie Sie sich nämlich passives Einkommen verschaffen.

Punkt 6: Budgetieren wie ein Millionär
Im vorletzten Kapitel lernen Sie, was ein Budget wirklich ist und wie es funktioniert. Sie werden das Prinzip kennenlernen, nach dem auch Millionäre budgetieren und ihr Geld verwalten. Sie erfahren, wie Sie das exakt gleiche System verwenden können, damit auch Sie Ihren finanziellen Nettowert

steigern können. Sie können buchstäblich die gleichen Resultate erzielen, wie es Millionäre tun.

Punkt 7: Werte schaffen
Im letzten Kapitel werde ich Ihnen zeigen, wie Sie Werte schaffen können, mehr Geld zu verdienen, einen Geldregen an Chancen nutzen können und das alles sogar, ohne Lottoscheine ziehen zu müssen. Diese Chancen werden es auch sein, die Ihnen finanzielle Freiheit schenken. Durch die Schaffung von Werten wird es Ihnen gelingen, auch anderen Menschen zu helfen und Ihr Leben nachhaltig und positiv zu beeinflussen. Damit all das nicht zu abstrakt klingt, werde ich Ihnen ebenfalls die nächsten Schritte für den weiteren Verlauf Ihres finanziellen Erfolges aufzeigen.

Ich habe die Erfahrung gemacht, dass viele Leser der ersten Ausgabe dieses Buches das Manuskript genauestens gelesen haben und es danach in den Schrank legten. Das war es dann erst einmal mit dem finanziellen Fortschritt. Das größte Hindernis, auf das Sie stoßen werden, sind Sie selbst. Die Gefahr, das Gelesene zu vergessen oder es nicht zu berücksichtigen, ist groß. Bei den meisten Lesern trifft genau dieser Fall auch ein. Das gilt übrigens für die meisten Bücher und daraufhin wird einfach ein neues gekauft oder es wird ein neuer Kurs beziehungsweise ein neues Seminar besucht, in der Hoffnung, den Durchbruch doch noch zu erzielen. Manchmal treffen diese Leute dann auf die großen Gurus und Tschakka-Tschakka-Träumer und bezahlen viel Geld für Unsinn. Tun Sie das nicht!

Sie müssen nur handeln, um dieser Falle zu entkommen. Sie müssen das Gelernte aus diesem Buch in Ihrem Leben implementieren. Sie müssen das Wissen anwenden, denn es wird nicht reichen, es einfach nur im Kopf zu haben. Solange Sie nur Wissen horten, solange werden Sie nur verstehen.

Erst wenn Sie das Verstandene auch anwenden, erst dann verfügen Sie auch wirklich über das betreffende Wissen. Denn Verstandenes wird erst zum Wissen, wenn wir es anwenden. Wenden Sie das Gelernte an und Sie werden die Resultate erzielen, die Sie sich zu Beginn als Ziel gesetzt haben.

Kapitel 3:
Seine Geschichte kennen

Das Geld hat noch nie jemanden reich gemacht.
Lucius Annaeus Seneca

Wahrer Reichtum kommt nicht vom Konto. Er wird auch nicht durch das Nettovermögen repräsentiert. Wahrer Reichtum liegt viel mehr in Ihnen selbst. Der Reichtum, der Ihnen das liebe Geld bringt, ist Ihr Wissen. Wie Benjamin Franklin schon richtig erkannte: »Eine Investition in Wissen bringt eben die besten Zinsen«. Wissen ist unschätzbar wichtig. Doch so wichtig das Wissen auch sein mag, es ist nicht Ihr Antrieb. Das Wissen ist vielmehr als Werkzeug zu verstehen. Das Wissen ist nicht der Arm, der den Hammer führt und die Kraft ausübt. Die Macht, die Ihren Antrieb bildet, ist Ihre Geschichte und Ihr »Warum«. Bevor wir also damit beginnen, über Wissen zu sprechen, müssen Sie herausfinden, was Ihr »Warum« ist. Wenn Sie keinen Antrieb haben und nicht wissen, wofür Sie den Weg in eine finanziell erfolgreichere Zukunft gehen, dann wird Sie nichts und niemand dort hinbringen. Sie werden ein Auto ohne Motor sein. Ohne Antrieb gibt es keinen Erfolg. In schweren Zeiten – und diese werden sehr sicher kommen –, werden Sie aufgeben und alles hinschmeißen, wenn Sie keinen Antrieb haben. Mit dem richtigen Reiz aber und einem starken »Warum« wird es für Sie keinen Halt mehr geben. Sie werden zu einer unaufhaltsamen und alles erreichenden Macht, die nichts und niemanden stoppen kann. Ihr Antrieb muss aus einer Idee entspringen, denn Ideen sind nicht zerstörbar, solange es jemanden gibt, der an diese Idee glaubt.

Beginnen wir also bei Ihrer Geschichte. Erinnern Sie sich daran, was ich Ihnen vorhin erzählt habe? Diese private Geschichte über mich, als ich buchstäblich in einem Loch wohnte und nicht genug Geld hatte, um mir etwas Vernünftiges zu essen zu kaufen? Diese Geschichte war mein Antrieb und gab mir mein »Warum«. Warum wollte ich nicht mehr so leben und mein Leben verändern? Ganz einfach. Der Schmerz, so leben zu müssen, war nicht auszuhalten und zerstörte mich. Er ließ mich kraftlos und verloren zurück. Dabei war ich gar nicht der Mensch, der gerne kraftlos oder einsam war. Ich wollte und musste etwas verändern. Der Schmerz war mein Antrieb.

Besonders einschneidende Veränderungen entstammen aus zwei Gefühlen. Entweder ist es unfassbarer Schmerz oder unglaubliche Freude. Beide Gefühle sind absolute Extreme und führen zu extremen Ergebnissen. Fragen Sie sich also: »Was ist Ihre Geschichte? Was ist der Grund, warum Sie sich finanziell verändern wollen?« Der bloße Wunsch nach mehr Geld wird niemals ausreichen. Jeder hätte gerne mehr Geld oder wäre gerne Millionär. Tatsächlich sind es nur wenige, die es wirklich schaffen. Woran liegt das? Das mag mehrere Gründe haben, doch in erster Instanz ist der Grund immer der gleiche. Finanziell erfolgreiche Menschen haben eine starke Geschichte und wissen ganz genau, warum sie alles dafür tun, finanziell erfolgreich zu sein. Wenn Sie ein starkes »Warum« finden und genau wissen, woher Sie kommen, wie es war, als Sie am Boden waren, was dazu geführt hat, dass Sie dieses Buch lesen, was Sie dazu brachte, eine radikale Veränderung anzustreben, dann finden Sie jeden möglichen Weg, Ihre Ziele zu erreichen. Doch dafür müssen Ihre Geschichte und Ihre persönlichen Erlebnisse so stark sein, dass sie extreme Gefühle in Ihnen auslösen. Denn Ihre Gefühle führen zu Ihren Taten. Sie sind der Antrieb für Ihr Handeln.

Waren Sie pleite und wussten nicht mehr weiter? Sind Sie vielleicht alleinerziehend und kämpfen Sie jeden Tag für ein besseres Morgen für sich und Ihr Kind? Wurden Sie vielleicht von einem geliebten Menschen verlassen, weil Sie nicht genug Geld hatten? Was ist der Gedanke und Umstand, der so radikale Gefühle in Ihnen hervorruft, dass Sie unbedingt etwas verändern wollen?

Falls es bei Ihnen diese extremen Erlebnisse nicht gibt, dann fragen Sie sich, was der Grund ist für Ihren starken Wunsch nach Veränderung. Veränderungswünsche passieren nicht einfach so. Sie regnen nicht einfach aus den Wolken herab und sagen: »Guck, guck, hier bin ich.« So funktioniert das einfach nicht. Fragen Sie sich, welches Gefühl dafür sorgt, dass Sie sich finanziell verändern wollen. Ist es vielleicht das Bedürfnis nach mehr Anerkennung oder mehr Liebe? Es gibt genug Menschen, die viel Geld verdienen, weil Sie glauben, dafür mehr geliebt zu werden. Es sind Gefühle, Herrgott! Daran ist eben nichts Rationales zu finden. Definieren Sie Ihr »Warum« und erörtern Sie die Geschichte, die dazu geführt hat. Bringen Sie diese Geschichte wieder in Ihren Verstand zurück. Sehen Sie wieder vor Ihren Augen und spüren Sie, was Sie damals gespürt haben. Spüren Sie den Schmerz oder auch die Freude, wenn es ein positives Ereignis war, das Ihnen gezeigt hat, wie wunderbar es ist, mehr Geld zu besitzen. Gehen Sie in Gedanken zurück an den Ort und zu dem Moment, wo das Gefühl am stärksten war. Dieser Ort, wo Sie vielleicht Angst, Trauer oder Schmerz, Freude, Liebe oder Dankbarkeit fühlen, ist Ihr »Warum«. Nehmen Sie sich ruhig einen Moment Zeit. Legen Sie vielleicht sogar dieses Buch für einen Moment weg und denken Sie darüber nach. Schließen

Sie Ihre Augen, entspannen Sie sich und gehen Sie dann zurück an den Ort, wo das Gefühl am allerstärksten war. Dieser Ort kann tief in Ihrer Kindheit liegen, als sich Ihre Eltern über Geld stritten, als man Sie vielleicht auslachte, weil Sie nicht die neuesten Schuhe oder Kleidung trugen oder weil Sie in einer Ihrer Unternehmungen oder einem Ihrer Projekte nicht erfolgreich waren. Was es auch sein mag, gehen Sie in Ruhe in sich und finden Sie diesen einen Moment und Ort.

Wenn Sie diesen Ort gefunden haben, dürfen Sie ihn, auch wenn Sie das vielleicht am liebsten tun würden, niemals wieder vergessen. Das bedeutet nicht, dass Sie diesen Moment in seiner ursprünglichen Kraft aufleben lassen müssen, so dass dieser Moment Ihnen wiederum die Kraft raubt. Es bedeutet einfach, dass dieser Moment Ihnen Kraft geben kann und dass Sie das akzeptieren können. Akzeptieren Sie den Moment als einen Teil Ihrer Geschichte. Eben dieses Ereignis führt nun dazu, dass Sie Ihr finanzielles Leben auf den Kopf stellen werden und etwas radikal verändern können. Auch wenn der Schmerz vielleicht groß war, war dieses Ereignis doch dafür gut, dass Sie nun davon profitieren. Auch die schlimmen Ereignisse passieren uns, damit wir daran wachsen. Es ist allerdings unsere Entscheidung, ob wir auch daran wachsen und dafür sorgen wollen, dass dies auch geschieht. Stellen Sie sich vor, dass Gott, Allah, das Schicksal oder sonst jemand Ihnen einfach in einer schweren Lage im Leben eine Möglichkeit in verpackter Form, anbietet und sagt: »Wenn du wachsen willst, hier ist deine Chance. Zeig mir, wie sehr du es willst, und ich gebe dir, was du dir wünschst.« Das mag etwas esoterisch klingen. Ich weiß, dass ich den Rahmen hier sehr weit spanne. Doch es ist mir sehr wichtig, dass Sie diese Übung machen und Ihr »Warum« und Ihre Geschichte finden, denn nur so finden Sie Ihren Antrieb. Durch diesen Antrieb werden Sie unbesiegbar, und nichts und niemand wird Sie stoppen können.

Wenn Sie diese Übung gemeistert haben, fühlen Sie sich vielleicht etwas mies und wünschten, Sie hätten sie vielleicht nicht gemacht. Doch gehört all das zum Prozess der Veränderung dazu. Jetzt ist der Zeitpunkt gekommen, diesem Erlebnis einen neuen Rahmen zu verpassen. Für die meisten Menschen, die diese Übung machen, ist es ein dunkler Moment. Doch, wenn Sie sich nun in Gedanken von diesem Ereignis distanzieren und damit beginnen, sich zu fragen, was dieser Moment an Gutem in sich birgt, können Sie damit beginnen zu sehen, wie Sie aus diesem Moment lernen können.

Auf meinem Siegelring und dem Wappen meiner Familie steht in der Inschrift der lateinische Ausspruch: »Nihil fit sine causa.« Das bedeutet übersetzt: »Nichts passiert ohne Grund.« Er ist eine Erinnerung daran, dass wir besonders schwere Zeiten durchleben, damit wir an ihnen wachsen. Nehmen Sie also nach diesem Credo die Möglichkeit an, dass ausgerechnet der Moment in dem Sie pleite, am Boden zerstört oder traurig waren, Ihnen Kraft geben kann. Sie können sich dafür ganz bewusst entscheiden.

Jetzt, da Sie Ihre Geschichte und Ihr »Warum« haben, fragen Sie sich, ob genau diese Geschichte es wert ist, etwas in Ihrem Leben zu verändern? Wenn Sie diese Frage bejahen können, haben Sie Ihr »Warum« wahrhaftig gefunden. Glückwunsch! Denn Sie haben soeben eine unerschöpfliche Energiequelle aufgetan, die es Ihnen erlaubt, Ihr finanzielles Leben radikal zu verändern und dabei trotz Hindernissen niemals aufzugeben.

Falls Sie niemals eine solch negative Erfahrung gemacht haben, können Sie die gleiche Übung dafür verwenden, den Grund zu finden, warum Sie sich blockieren. Wenn Sie nicht glauben, dass Sie sich selbst blockieren können, dann frage ich Sie eines: »Warum haben Sie dann nicht schon längst Ihr finanzielles Ziel erreicht, wenn Sie sich gar nicht erst blockieren?« Blockaden in unserem Leben, das gilt auch für unser finanzielles Leben, sind immer emotional. Wir erfinden Ausreden wie: »Ich hab nicht genug Geld, nicht genug Zeit, nicht die richtigen Kontakte, nicht die richtige Bildung ...«. Diese Ausreden beziehen sich immer auf unsere Ressourcen. Ein Mangel an Ressourcen kann aber niemals der Grund sein, warum Sie etwas nicht haben oder erreichen können. Es ist längst überfällig, diese Ausreden beiseitezuschieben und endlich anzufangen, an den eigenen Problemen zu arbeiten und sie als Chance wahrzunehmen. Finanziell erfolgreiche Menschen tun dies. Sie sehen ein Problem oder einen Mangel immer auch als Chance an und glauben, dass sie beim Lösen dieses Problems wachsen können.

Sehen Sie also Ihre Geschichte und Ihr »Warum« als Chance an und vertrauen Sie darauf, dass Sie daran wachsen können. Bei allem, was Sie zu sich selbst sagen, hört ein Teil von Ihnen mit, der Unterbewusstsein genannt wird. Wenn Sie permanent darauf beharren und sich sagen, dass Sie nicht die richtige Bildung oder nicht genug Zeit haben, sprechen Sie sich selbst frei von Schuld. Übernehmen Sie stattdessen Verantwortung und arbeiten Sie an den Blockaden und an sich selbst. Wenn Sie erst einmal verstanden haben, was Sie zurückhält und was Sie tun können, um diese Blockade zu lösen, haben Sie nicht nur ein unaufhaltsames »Warum« und eine starke Geschichte, sondern besitzen auch das Werkzeug, um Ihr finanzielles Leben um 180 Grad zu wenden. Welche Werkzeuge Sie dafür verwenden können, Ihr Unterbewusstsein in Richtung Erfolg zu programmieren und neue Verhaltensmuster zu schaffen, lernen Sie im folgenden Kapitel.

Kapitel 4:
Konditionieren

*Wenn du die Absicht hast,
dich zu erneuern, tue es jeden Tag.*

Konfuzius

Kennen Sie das? Manchmal arbeitet man den lieben langen Tag und fragt sich dann abends, was man heute wirklich geschafft hat und ob es eine Verbesserung gegenüber dem gestrigen Tag gab. Manchmal bleiben die Chancen aus und die eigene Strategie geht nicht auf. Ich habe über die Jahre hinweg für mich selbst die Entdeckung gemacht, dass es nicht die Umstände sind, die unser Leben beeinflussen. Es sind vielmehr wir selbst, die wir das Leben und damit unser Umfeld beeinflussen. Während einigen der Erfolg spielend von der Hand geht und finanziell alles rund läuft, trifft auf andere oft genau das Gegenteil zu. »Was machen finanziell erfolgreiche Menschen anders?«, lautet die Frage. Eine ganze Menge! Doch am Anfang beginnen Sie alle bei sich selbst. Sie beginnen damit, Ihr Verhalten ihren Zielen anzupassen. Das bedeutet, dass erfolgreiche Menschen sich systematisch darauf programmieren, welche Art von Mensch sie sein und welche Ziele sie erreichen wollen. Ich habe in den vergangenen Jahren immer wieder bemerkt, wie sich finanziell erfolgreiche Menschen in meiner Umgebung selbst beeinflussen durch eine Art unterbewusste Programmierung. Was wie eine Hypnosetherapie klingt, freitags direkt nach dem

Vier-Uhr-Tee, ist eher eine ganz intensiv erlebte Zeit, in der besonders erfolgreiche Menschen in Ruhe ihre Fähigkeiten schulen. Sie arbeiten dabei mit verschiedenen Techniken, welche auch ich seit geraumer Zeit anwende. Wäre ich nicht selbst davon überzeugt, würde ich keine Minute darauf verschwenden, sie mit Ihnen zu teilen. Diese Techniken haben das Ziel, in Ihrem Unterbewusstsein die Art von Veränderungen vorzunehmen, die Sie auf Erfolgskurs bringen. Wir könnten auch sagen, dass wir als Kapitän des Schiffs einen neuen Kurs in das System einprogrammieren und unserem Gehirn Bescheid geben, dass ab sofort alles anders zu laufen hat.

Beginnen wir damit zu verstehen, dass unsere Wahrnehmung und unsere Realität direkt durch unsere Gedanken und Emotionen gesteuert werden. Bedenken Sie einmal, welche Macht unsere Emotionen über unser Handeln haben. Dabei führen unsere Gedanken direkt zu unseren Emotionen. Die Gedanken lösen Bilder in unserem Kopf aus, welche ein Erlebnis hervorrufen und unserem Körper ein bestimmtes Gefühl suggerieren. Diese Gedanken wiederum bestimmen dann unsere alltäglichen Handlungen, welche wiederum dann bestimmen, welche Ergebnisse wir mit unserem Handeln erzielen.

Diese Ergebnisse lösen dann wieder neue Emotionen aus und voilà, der Kreislauf beginnt von vorne. Um in diesen Kreislauf einzudringen, um als Resultat unsere Ergebnisse zu verändern, müssen wir lernen, unsere Emotionen und Gedanken zu kontrollieren. Finanziell erfolgreiche Menschen sind wahre Meister darin, sich selbst positiv zu beeinflussen, indem sie ihre Gefühle manipulieren und dadurch ihre Gedanken strukturieren. Die alte Leier von: »Da wo andere Probleme sehen, sehen erfolgreiche Menschen Chancen«, ist das beste Beispiel dafür. Es ist eine andere Art, die Dinge zu betrachten und wahrzunehmen. Ferner sehen finanziell erfolgreiche Menschen vor allem die Dinge, die Ihnen den gewünschten Erfolg bringen. Dieser Umstand ist es, der dazu führt, dass man überall nur Chancen sieht. Doch seine eigenen Gefühle zu beeinflussen und seine Gedanken zu kontrollieren, ist harte Arbeit, und mittlerweile bin ich davon überzeugt, dass uns diese Aufgabe ein Leben lang begleitet. Jedes Mal, wenn Sie wütend werden durch einen Streit, wenn Sie traurig sind oder Angst haben, können Sie zwar das jeweilige Gefühl beeinflussen, doch es ist und bleibt verdammt schwer. Ein Bruchteil der Menschheit kann das. Viele erfolgreiche Menschen im Leben können dies nicht. Dennoch kann der Erfolg maximiert werden, indem wir Einfluss auf die Gefühle und Gedanken nehmen. Ich möchte Sie dazu ermutigen, an sich zu arbeiten und festzustellen, dass maximaler Erfolg das ist, wonach wir hier zusammen streben. Wie können Sie diesen also erreichen?

Hierfür verwenden wir verschiedene Techniken. Die erste Technik, die wir anwenden werden, ist die Affirmation oder Deklaration. Die Affirmation oder Deklaration ist eine Technik, die uns suggeriert, dass ein bestimmter Umstand wahr ist, auch wenn er es noch nicht ist. Unser Unterbewusstsein sieht diesen Umstand zunächst als nicht wahr an, wird ihn aber als wahr akzeptieren, wenn es diese neue Wahrheit nur oft genug streift. Das sogenannte RAS, das retikulare Aktivierungssystem unseres Gehirns, macht dann eine Art Türchen auf, durch das die Suggestionen direkt in unser Unterbewusstsein gelangen. Forscher der NASA fanden heraus, dass dies genau nach 30 Tagen der Fall ist. Sie gaben einer Forschungsgruppe von Astronauten Brillen, die den Blickwinkel um 180° drehten. Die Astronauten sollten damit auf das Weltall und seine Schwerelosigkeit vorbereitet werden. Die Astronauten trugen diese Brille tagein, tagaus. Nach 30 Tagen drehte sich das Bild wieder auf die ursprüngliche Position zurück, ohne dass die Astronauten etwas getan hatten. Sie hatten immer noch die Brille an, die das Bild umkehrte. Sie hatten diese weder tagsüber noch nachts abgenommen. Forscher stellten fest, dass ihr Gehirn den Umstand als wahr anerkannte und neue neuronale Zellen gebildet hatte. Das Ergebnis des Tests war, dass das menschliche Gehirn genau 30 Tage braucht, um einen Zustand als wahr zu akzeptieren. Diesen Umstand machen wir uns durch Affirmationen zunutze. Wie funktioniert das Ganze also?

Eine Affirmation ist eine positive Aussage über uns selbst, die wir uns 30 Tage lang, dreimal täglich sagen. Einige benutzen dafür einen Spiegel, vor den Sie sich stellen und vor dem sie die Affirmationen laut aussprechen. Diese Affirmationen mögen sich am Anfang lächerlich anhören und den Gedanken nahelegen, jetzt doch endlich reif für die Zwangsjacke oder für die vier Wände mit den plüschigen Kissen zu sein. Trotzdem: Beginnen Sie am besten mit fünf Affirmationen, die Sie sich zuerst genau notieren und dann jeden Tag sprechen. Nutzen Sie dafür am besten den Morgen, den Abend und nach Möglichkeit einen Zeitpunkt um den Mittag herum. Warum? Ganz einfach: Weil unser Unterbewusstsein, das schon nachts sehr aktiv ist, morgens und abends noch aktiver ist, nämlich kurz nachdem wir aufgewacht sind oder kurz bevor wir schlafen gehen. Denken Sie aber daran, dass

Sie die gleichen Affirmationen für mindestens 30 Tage ohne Pause nutzen müssen. Lassen Sie einen Tag aus, beginnen Sie von vorne.

Eine Affirmation ist immer positiv formuliert und drückt einen Zustand der Gegenwart aus. Verzichten Sie also auf Worte wie »möchte« oder »ich werde«, da diese Worte Umstände der Zukunft ausdrücken. Seien Sie positiv und bleiben Sie in der Gegenwartsform. Sie können mit den Affirmationen auch Gewohnheiten schaffen, die Sie im Moment noch nicht haben. Nutzen Sie die Affirmationen, egal wie dämlich sie sich zuerst auch anfühlen. Diese werden Ihnen eine völlig neue Welt eröffnen, denn ab dem Zeitpunkt, an dem Sie die 30 Tage überbrückt haben, beginnt Ihr Gehirn neue neuronale Zellen zu erschaffen und Ihr Unterbewusstsein dreht sich genau in die Richtung, die Sie anstreben. Doch keine Panik! Ihr Gehirn dreht sich nur virtuell, nicht physisch.

Eine mögliche Liste neuer Gewohnheiten, die Sie für Ihr finanzielles Leben brauchen, könnte die folgenden Affirmationen enthalten:

Ich arbeite stets an meiner Finanziellen Intelligenz, um alle meine finanziellen Ziele zu erreichen.

Ich gönne meinen Mitmenschen ihren Erfolg und ihren Reichtum.

Ich bezahle immer mit Bargeld. Ich sehe, was ich eintausche und was ich dafür erhalte.

Ich baue Vermögenswerte auf und vermeide Verbindlichkeiten.

Fixe Kosten sind böse! Ich arbeite stets an meinem Cashflow, der mich frei macht.

Ich budgetiere intelligent und überprüfe wöchentlich meine Pläne.

Ich investiere, bevor ich konsumiere.

Ich entscheide mich dafür zu handeln. Dafür mehr zu tun, ist nötig, um meine Ziele zu erreichen. Ich verbanne alle unproduktiven Gedanken und konzentriere mich stattdessen auf mein Tun.

Ich nehme mir täglich eine Stunde Zeit, um zu lernen und mich weiterzubilden. Ich investiere in mich selbst.

Einige dieser Affirmationen habe ich selbst schon verwendet und ich habe wunderbare Resultate damit erzielt. Den Hintergrund dieser Affirmationen werden wir im weiteren Verlauf noch besprechen. In der Gestaltung Ihrer Affirmationen sind Sie allerdings absolut frei. Benutzen Sie ruhig Ihre eigenen Affirmationen, da diese Ihrem Wortlaut am nächsten kommen.

Ein anderes besonders mächtiges Werkzeug in Ihrer Kiste ist die Visualisierung. Schon der Autor und Schüler von Multi-Milliardär Andrew Carnegie, Napoleon Hill, fand heraus, dass besonders erfolgreiche Menschen die Visualisierung nutzen, um alles, was sie sich vornehmen, auch zu erreichen. Er studierte die mächtigsten und reichsten Menschen des 19. und 20. Jahrhunderts und fand heraus, dass sie alle bestimmte Eigenschaften und Routinen gemeinsam hatten. Eine davon war es, sich täglich einen Moment zu nehmen, um innezuhalten und sich das eigene Ziel plastisch vor Augen zu führen. Um effizient zu visualisieren, können Sie bereits mit zehn Minuten am Tag Großes bewirken. Nehmen Sie sich dafür einen Moment frei und verbringen Sie ihn in Stille. Schließen Sie die Augen und stellen Sie sich Ihr Leben in jeder Einzelheit vor – und zwar nicht so wie es gerade ist, sondern so wie Sie es haben wollen. Dafür müssen Sie allerdings zuerst durch ein Drei-Schritte-Programm.

1. Formulieren Sie Ihr »Warum«.

2. Formulieren Sie Ihre Ziele und lassen Sie in Ihrer Phantasie das Leben entstehen, welches Sie führen wollen. Seien Sie dabei ruhig wie ein Kind und malen Sie sich in den schönsten Farben aus, was Sie haben wollen.

3. Visualisieren Sie Ihre Ziele als bereits erreicht.

Das Schöne bei der Visualisierung ist, dass sie ebenso funktioniert wie die Affirmation. Nach 30 Tagen täglicher Visualisierung bildet Ihr Gehirn frische neuronale Zellen und sendet die Nachricht an Ihr Unterbewusstsein. Ihr Unterbewusstsein fängt dann an, mit Ihrem Bewusstsein zu kommunizieren. Im Resultat sehen Sie plötzlich Chancen, welche Sie vorher nicht gesehen haben. Plötzlich lernen Sie die richtigen Leute für Ihre Ziele kennen oder finden neue Wege, um schnellstmöglich an Ihr Ziel zu gelangen. Damit die Visualisierung bei Ihnen funktioniert, müssen Sie ein ganz klares Bild davon haben, was Sie wollen. Das bedeutet auch, welchen Geldbetrag Sie jährlich verdienen wollen, welches Auto Sie fahren wollen, in welchem Haus Sie leben wollen und mit welchen Menschen Sie Ihr Leben teilen möchten. Stellen Sie sich vor, was Sie brauchen beziehungsweise haben möchten und entwickeln Sie den Glauben daran, dass dies Wirklichkeit werden wird. Mir ist sehr wohl bewusst, dass das alles etwas metaphysisch klingen mag, doch am Ende des Tages handelt es sich um reine Wissenschaft. Was vor Hunderten von Jahren schon genutzt wurde und als direkter Kontakt mit Gott oder einer übernatürlichen Kraft assoziiert wurde, hat sich dank moderner Forschung als einfache Rekonditionierung des Unterbewusstseins entpuppt. Kein »the Secret« oder sonstiger Verschwörungsquatsch – es sind bloß wissenschaftliche Prinzipien, die hier wirken.

Um den Prozess zu verstärken, können Sie beispielsweise sogenannte Visionstafeln oder Vision Boards benutzen, auf die Sie Bilder kleben von allen Dingen, die Sie sich zum Ziel gesetzt haben. Sie schauen dann einfach jeden Tag auf dieses Vision Board und visualisieren für zehn Minuten. Sie können die zehn Minuten auch direkt an die Zeit der Affirmationen dranhängen. So gewinnen Sie eine gewisse Routine.

Ich habe schon Menschen sagen hören: »Ich habe keine zehn Minuten am Tag für so was!« Okay, wenn Sie keine zehn Minuten dafür erübrigen können, dann erwarten Sie auch bitte nicht, dass sich in Ihrem Leben etwas radikal verändern wird. Veränderung entsteht dadurch, dass man etwas ändert. Ganz einfach! Ändern Sie gewisse Routinen und implementieren Sie neue in Ihr Leben und ich verspreche Ihnen, Ihr Leben wird niemals wieder das gleiche sein.

Fassen wir das bisher Gesagte also einmal zusammen. Nehmen Sie sich pro Tag etwa 15 Minuten Zeit, um Ihre Affirmationen zu sprechen und Ihre Ziele zu visualisieren. Die Affirmationen sind Aussagen, die einen gewünschten Zustand als bereits erfüllt ausdrücken. Diese Affirmationen reden Sie sich selbst ein, nach Möglichkeit dreimal am Tag laut. Das sollte um die fünf Minuten dauern. Ich brauche selbst nie mehr als fünf bis sieben Minuten dafür. Wenn Sie Ihre Affirmationen gesprochen haben, kommen Sie zur Ruhe. Setzen Sie sich hin oder legen Sie sich auf Ihr Bett oder Sofa. Schließen Sie die Augen und visualisieren Sie Ihre Ziele als bereits erreicht. Erleben Sie dabei, wie es sich anfühlt, wenn Ihre Ziele erreicht sind, hören Sie die Geräusche, die Sie dann hören, sehen Sie die Bilder, die Sie dann sehen. Stellen Sie sich dieses Szenario so realistisch wie möglich vor. Nach besagten 15 Minuten stehen Sie in Ruhe auf, trinken ein Glas Wasser und machen gewohnt weiter mit Ihrem Tagesablauf.

Ich erkläre Ihnen diese Techniken, damit Ihr Unterbewusstsein, das eine unglaublich wichtige Rolle in Ihrem Leben spielt, mit Ihnen arbeitet. Wenn Ihr Unterbewusstsein jedoch immer noch von alten Gewohnheiten, Gedanken und Emotionen beherrscht wird, ist es etwa so, als ob Sie mit einem Ferrari im ersten Gang Gas geben wollen, aber nicht hochschalten können. Nach einer Weile machen das Getriebe und der Motor einfach schlapp. Hinzu kommt, dass Sie niemals Ihr volles Potenzial ausschöpfen können. Wenn Ihr Unterbewusstsein jedoch mit Ihnen arbeitet, geht alles viel einfacher von der Hand. Ihr Unterbewusstsein hat die Macht, alles möglich zu machen. Sie werden erstaunt sein, was alles geht, wenn Sie erst einmal die Macht Ihres Unterbewusstseins für sich nutzen. Es scheint dann, als drehte sich die Welt nur um Sie, nur damit Ihre ganz bestimmten Ziele real werden.

Wir haben bis zu diesem Punkt des Öfteren über Ihre Ziele gesprochen. Sie haben bisher gelernt, wie Sie Ihr Unterbewusstsein durch zwei starke Techniken beeinflussen können. Doch jetzt müssen Sie noch lernen, wie Sie diese sogenannten Ziele formulieren können, damit Ihr Unterbewusstsein auch das Richtige hört. Stellen Sie sich vor, Sie würden Ihre Ziele falsch formulieren und Ihr Unterbewusstsein würde nur ein Rauschen hören und nur unklare Bilder sehen. Wie sollte es da für Sie an die Arbeit gehen?

In der Betriebswirtschaft spricht man von Zielen meist als S.M.A.R.T. Das bedeutet nichts anderes, als dass die Ziele, die Sie formulieren, spezifisch, messbar, anwendbar, realistisch und terminiert sein müssen. Ich spreche gerne bei der Thematik »Ziele« von meiner eigenen Formel. Frei nach dem betriebswirtschaftlichen Vorbild, nenne ich meine Formel V.A.T.

Ziele müssen doch in Wahrheit visualisierbar sein. Wenn Sie visualisierbar sind, dann sind sie auch spezifisch. Zweitens müssen Ziele immer anwendbar sein. Ohne Aktion keine Reaktion und ohne Anwendung kein Ergebnis. Ziele müssen auch terminiert sein. Sie brauchen ein klares Datum, bis wann Sie dieses Ziel erreicht haben möchten. Was ist mit realistisch? Ernsthaft? Sie wollen realistisch sein? Dass Sie innerhalb eines Tages nicht von einem Euro zu einer Milliarde kommen, ist verständlich. Doch wer will schon realistische Träume und Ziele! Es sind doch die wahnsinnigen und verrückten Ideen, die diese Welt verändert haben! Die Gebrüder Wright dachten sicherlich nicht an Realismus, als sie das erste Flugzeug bauten.

Alles, was Ihre Ziele brauchen, ist die Möglichkeit, visualisiert und angewendet zu werden. Wenn Sie das können, setzen Sie dem jeweiligen Ziel ein Datum, bis wann Sie es erreicht haben wollen. Hier liegt auch der springende Punkt. Wenn Sie keine Ahnung haben, wie Sie dieses Ziel erreichen wollen, verlieren Sie nicht den Mut. Setzen Sie sich ein Datum, das Sie für machbar halten. Die größten Schöpfungen entstanden nie durch einen vorgefertigten Plan. Sie entstammten einer Idee, die kontinuierlich und beharrlich umgesetzt wurde. Schreiben Sie dann Ihre Ziele auf. Ich habe mir selbst dafür ein Notizbuch angeschafft, das alle meine Ziele, Affirmationen und mein Vision Board enthält. Ich kann Ihnen solch ein Notizbuch nur empfehlen, damit Ihre Ziele den geeigneten Ort finden.

Lesen Sie sich dann Ihre Ziele jeden Tag laut vor. Jeden Tag! Raten Sie mal für wie lange? Richtig geraten! Lesen Sie sich für mindestens 30 Tage lang jeden Tag Ihre Ziele laut vor. Die 30-Tage-Regel bleibt auch hier bestehen. Ihre Ziele sind dabei wie Ihre Affirmationen positiv formuliert. Verbannen Sie negative Worte oder Verneinungen aus Ihren Zielen. Rein nach dem Prinzip: Geht nicht, gibt es nicht!

> *Kaum verloren wir das Ziel aus den Augen –*
> *verdoppelten wir unsere Anstrengungen.*
> Mark Twain

Beginnen Sie also nun damit, Ihre Ziele zu formulieren, diese in reale Bilder zu verwandeln, die Sie sich täglich vor Augen führen können. Darauf folgen Ihre Affirmationen, die mit Worten und Sprache die bereits erfüllten Ziele deklarieren. So gewinnen Sie die Macht, Ihr Unterbewusstsein zu steuern und damit Ihr Leben zu 100 % zu beeinflussen. Dabei ist kein Ziel zu groß, denn was Ihr Verstand meistern kann, das kann er auch umsetzen. Mein Rat lautet aber, mit kleineren Zielen zu beginnen und sich dann im weiteren Verlauf größere Ziele zu setzen. Sie gewinnen auf diese Weise an Sicherheit und lernen den Prozess besser kennen.

Als mein Vater noch ein junger Mann war, hatte er das Ziel, Pilot zu werden. Er war fasziniert von den Menschen, die mit Maschinen fliegen konnten. Weil er dann doch nicht Pilot wurde und stattdessen vor der Staatssicherheit der DDR fliehen musste, die Ausbildung zum Schiffsbauschlosser machte und in der BRD ein neues Leben begann, könnte man meinen, er hätte aufgegeben. Stattdessen baute er sich im damaligen West-Deutschland ein neues Leben mit meiner Mutter auf, begann als Kurierfahrer und arbeitete sich bis zum Manager eines amerikanischen Konzerns hoch. Jahre später, er hatte den Traum nie aus den Augen verloren, las er in einer Anzeige, am nahegelegenen Flugplatz könne man seinen Flugschein machen. Ihm war dieser Flugplatz nie aufgefallen, und all die Jahre hatte er nie darüber nachgedacht, dass man dort das Fliegen lernen könnte. Er meldete sich an, trat dem Fliegerclub bei, nahm Flugstunden und wurde Pilot. Er kaufte sich daraufhin ein Flugzeug und ist seither in jeder seiner freien Minuten in der Luft. Es hat für ihn über 30 Jahre gedauert, bis sein Traum in Erfüllung ging, doch die Kraft der Visualisierung vergeht nicht, denn sein Unterbewusstsein wurde mit einem klaren Ziel genug gefüttert. Als mein Vater dann die Anzeige las, schaltete sich sein Unterbewusstsein an und schrie laut: »Hier – das ist die Chance!«. Alles, was er tun musste, war zu handeln.

Mehr müssen auch Sie nicht tun. Handeln Sie, wenn der Impuls kommt und Sie das Gefühl haben, dass es das ist, worauf Sie gewartet haben. Auch wenn Sie Niederlagen erleiden werden und die Versuchung aufzugeben groß ist, weil der Gedanke Raum greift, dass das Ganze ja doch nicht funktioniert: Sie werden am Ende erfolgreich sein, wenn Sie an sich glauben und nicht aufhören, weiterzustreben.

Die Welt tritt zur Seite,
um jemanden vorbeizulassen,
der weiß, wohin er geht.

David Starr Jordan

Kapitel 5:
Kommunikation

Hindernisse können mich nicht aufhalten;
Entschlossenheit bringt jedes Hindernis zu Fall.
Leonardo da Vinci

Vor einigen Jahren traf ich einen Mann auf einer meiner Reisen mit einem Kreuzfahrtdampfer. Ich sah ihn jeden Abend alleine an der Bar seinen Vodka-Martini trinken. Ich ging eines Abends zu ihm, und wir kamen ins Gespräch. Er erzählte mir, dass er von Beruf Bestatter war und noch dazu der erfolgreichste in der Region, aus der er stammte. Er hatte ein Dutzend Bestattungsinstitute aufgebaut, besaß unzählige Häuser und ein Altersheim. Er half Tausenden von Menschen, mit Tod und Krankheit umzugehen, und das seit vielen Jahren. Ich stelle mir diesen Job sehr schwer vor. Doch er liebte seinen Beruf, denn er wollte den Menschen helfen. Obwohl er vor Freude und Leidenschaft strotzte, wenn er von seinem Unternehmen sprach, umgab ihn eine besondere Art von Traurigkeit. Wir trafen uns fortan jeden Abend auf dem Dampfer an der Bar und erzählten uns ganze Nächte durch gegenseitig von unserem Leben. Er war der liebenswerteste Mann, den ich jemals getroffen hatte, und doch schien er gebrochen zu sein. Am letzten Abend erzählte er mir, dass er krank sei und er nicht mehr lange zu leben habe. Er hatte Millionen verdient, alles gekauft, was man sich vorstellen konnte, und am Ende war er todkrank. Der Krebs hatte ihn befallen und ließ ihn nicht mehr los. Seine Ärzte gaben ihm nur noch ein Jahr. »Was für eine Ironie. Ich bin Bestatter und brauche selbst bald einen«, sagte er zu mir. Sein Humor hatte ihn nicht verlassen und trotzdem haderte er mit der Gewissheit, dass das Ende nahte. Der Mann, von dem ich spreche, war gerade einmal in der Mitte seiner Fünfziger-Jahre angekommen und wurde mein Freund und Mentor. Er lebte länger als das Jahr, das ihm gegeben worden war. Zu meinem Geburtstag schenkte er mir eine Erstausgabe von Napoleon Hills Klassiker *Think and Grow Rich* und sagte zu mir: »Ein Anführer ist immer auch ein guter Geschichtenerzähler. Jeder Mensch mag Geschichten.« Als ich ihn das letzte Mal sah, nahm er mich in den Arm und ließ mich versprechen, das Leben zu nutzen, jeden Tag voller Freude, Liebe und Dankbarkeit zu leben und niemals aufzugeben. Er hatte mir beigebracht, wie wichtig die eigene Geschichte ist und wie wichtig die Geschichten sind, die unser Leben bereichern. »Nutze sie!«, befahl er mir. Vergessen werde ich das meinem Freund nie!

Alle Vorbilder, die ich während meiner Kindheit hatte und die ich aufgrund ihrer außergewöhnlichen Biografien heute noch vergöttere, waren große Geschichtenerzähler und wahre Meister der Kommunikation. Sie nutzten ihre Geschichten, so wie es mein Freund und Mentor tat. Sie alle hatten diese eine Fähigkeit gemein. Angefangen von Andrew Carnegie, dem Stahlmagnaten, Henry Ford, dem Automobilisten, Warren Buffett, dem Orakel von Omaha, oder John Rockefeller, dem Öl-Tycoon. Sie alle waren große Männer der Geschichte und alle waren sie Meister der Kommunikation. Sie hatten die Fähigkeit, andere Menschen von ihren Ideen zu begeistern, sie zu motivieren und zu inspirieren. Sie hatten diese Fähigkeit, auch wenn sie ihre Imperien mit strenger Hand führten. Doch über alle Maßen waren sie auch Meister der Kommunikation mit sich selbst. Meister in der Art und

Weise, ihre Gedanken zu wählen und zu bestimmen, was sie zu sich selbst sagten.

Während viele Menschen bei dem Wort »Kommunikation« daran denken, mit anderen Menschen zu kommunizieren, sich mit verbaler und nonverbaler Sprache an andere zu richten, so vergessen doch einige auch, dass es auch eine Kommunikation gibt, die sich an die eigene Person richtet. Erfolgreiche Menschen sind Meister der Kommunikation mit sich selbst. Dabei geht es um viel mehr als um reine Selbstgespräche. Es geht um die Art und Weise, wie wir uns beeinflussen und unsere Welt wahrnehmen. Was wir dabei glauben und woran wir glauben, wird stark durch die Kommunikation mit der eigenen Person bestimmt.

Wenn Sie beispielsweise glauben, dass Sie es niemals schaffen werden, finanziell erfolgreich zu sein, und wenn Sie sich diesen Umstand permanent selbst einflüstern, führen Sie eine Art Selbstgespräch. Sie kommunizieren auf diese Weise mit sich selbst. Das jedoch tun Sie nicht effektiv. Sie stärken negative Gedanken und Glaubensmuster. Wie Sie bereits gelernt haben: Das Unterbewusstsein hört immer mit!

Selbstzweifel und Ängste sind menschliche Facetten, doch lassen wir sie viel zu häufig über unser Leben bestimmen. Unser Bewusstsein und Unterbewusstsein lernt durch die Dinge, die wir uns ständig selbst sagen. Wir sabotieren uns regelmäßig dadurch, dass wir nicht hilfreiche Glaubenssätze innerlich verstärken. Gewiss müssen Sie kein Andrew Carnegie werden. Doch welchen Zweck hat es, negativ über sich selbst zu denken und Zweifel zu hegen? Jedes Mal, wenn Sie sagen: »Bin ich Rockefeller oder was?« oder: »Das werde ich mir nicht leisten können«, bestimmen Sie damit Ihr Leben. Jedes Mal, wenn Sie sich über die Politiker aufregen und laut schimpfen, schaden Sie sich selbst. Sie lassen die negativen Gedanken Ihr Leben bestimmen. Dabei können Sie bewusst entscheiden, was Sie über sich denken und was Sie von sich halten. Anstatt zu sagen, dass Sie es sich nicht leisten können, könnten Sie sich viel besser fragen: »Wie kann ich mir das leisten und was muss ich dafür tun?« Sie können Ihr Leben bewusst steuern und ebenso können Sie die Art und Weise beeinflussen, wie Sie das Leben wahrnehmen. Der Autor Jack Canfield schrieb dazu einmal, dass wir im Leben von den drei Variablen Handlung, Resultat und Reaktion nur eine Variable wirklich bestimmen können. Wir können manche Dinge einfach nicht vorhersehen. Wenn der Tod einen geliebten Menschen ereilt oder wir den Job verlieren, so haben wir darauf keinen Einfluss. Das einzige, was wir wirklich bestimmen können, sind unsere Reaktionen darauf und die Art, wie wir mit uns selbst kommunizieren, was wir uns sagen und wie wir damit umgehen. Unsere Reaktion bestimmt dabei unser Leben und ist vollkommen abhängig davon, wie wir mit uns selbst sprechen und was wir uns sagen.

Anstatt sich in Selbstmitleid darüber zu ergehen, dass es finanziell nicht so läuft wie erhofft, dass wir beruflich feststecken oder das Gefühl haben, nicht voranzukommen, können wir uns für eine andere Reaktion entscheiden. Um das zu tun, müssen wir einfach nur die Art und Weise verändern, wie wir mit uns selbst kommunizieren.

Hier eine kleine Übung für Sie: Wenn Sie sich einen Zustand vorstellen, mit dem Sie absolut nicht zufrieden sind, und die Augen dabei schließen, was sehen Sie dann? Vielleicht sehen Sie den Berg an Schulden oder Sie sehen finanzielle Stagnation oder geplatzte Träume. Was auch immer Sie sehen, so bleibt die Frage: Wie sehen Sie es? Das »Wie« ist viel wichtiger! Ist es ein dunkles Bild oder ein Film, den Sie sehen? Ist das Bild oder der Film weit weg oder in der Nähe? Läuft der

Film langsam ab oder schnell? Welche Geräusche hören Sie im Hintergrund? Ist das Bild hell und warm oder ist es dunkel und kalt?

Diese Beschreibungen Ihres Zustandes nennen sich Submodalitäten. Diese Submodalitäten sind wahnsinnig mächtig, wenn es darum geht, einem Zustand seine Kraft zu geben oder zu nehmen. Kalte Bilder oder Filme, die wir vor unserem geistigen Auge sehen, werden meist mit negativen Zuständen assoziiert. Aber wir können die Submodalitäten verändern und damit unsere Reaktion auf bestimmte Zustände verändern. Wir können es somit schaffen, auf eine ganz neue Art und Weise mit uns selbst zu kommunizieren und uns zu stärken. Dabei geht es um viel mehr als nur um den Spruch: »Don't worry – Be happy!« Wie geht das also? Um diese kleine Übung zu Ende zu führen, verändern Sie einmal einen negativen Gedanken in Ihrem Kopf, indem Sie dem Gedanken ein helles Bild geben und im Hintergrund fröhliche Musik abspielen. Vollziehen Sie das alles in Ihren Gedanken. Merken Sie, wie sich der Zustand verändert und sich auf einmal ganz anders anfühlt? Der Zustand ist immer noch der Gleiche. Die Schulden mögen immer noch da sein oder der Job mag immer noch langweilig sein. Doch die Art und Weise, wie wir diese Situation wahrnehmen, verändert sich. Wir nehmen einem negativen Umstand einfach nur seine Macht. Dieser Prozess nennt sich »Reframing«. Wir geben dem Ganzen ein neues Bild und kommunizieren auf eine andere Art und Weise mit uns selbst.

Egal, wie groß die Probleme auch gerade sein mögen: Wenn wir Umstände verändern, negative Gefühle verbannen und uns wieder mächtig fühlen wollen, so gibt es dafür eine Technik im Rahmen der Kommunikation, die dafür bestens geeignet ist. Der erste Schritt bei dieser Technik besteht darin, sich einen ruhigen Ort zu suchen, es sich gemütlich zu machen und die Augen zu schließen. Stellen Sie sich dann einen Zeitpunkt in Ihrem Leben vor, als Sie sich unfassbar stark gefühlt haben und dachten, Sie könnten jedes Problem meistern und alles erreichen. Wenn Sie im Geiste zu diesem Zeitpunkt zurückgekehrt sind, beantworten Sie die folgenden Fragen für sich:

- Sehen Sie ein festes Bild oder einen Film?

- Ist das Bild oder der Film dunkel oder hell?

- Ist die Erfahrung weit weg oder nah?

- Ist die Erfahrung ein Panorama-Bild oder hat sie einen Rand?

- Ist das Bild oder der Film oben oder unten, links oder rechts?

- Was hören Sie während dieser Erfahrung?

- Wo fühlen Sie einen Unterschied in Ihrem Körper?

- Betrachten Sie die Erfahrung mit Ihren eigenen Augen oder sehen Sie sie mit den Augen einer dritten Person?

Diese Fragen beantworten die Submodalitäten. Gehen wir also einmal diese Submodalitäten durch. Die erste Frage zielt darauf ab, ob Sie ein Bild oder einen Film sehen. Meist sind es helle Filme, mit den eigenen Augen betrachtet, ohne Rand, die sich in unmittelbarer Nähe abspielen, die ein positives Gefühl hervorrufen. Ist es bei Ihnen ein Bild, so ist das auch in Ordnung. Was auch immer Ihre Submodalitäten für diese positive Erfahrung sind, merken Sie sich diese. Vielleicht wollen Sie sie sogar aufschreiben. Wenn Sie das gemacht haben, machen Sie die gleiche Übung mit der negativen Erfahrung, die Sie gemacht haben und von der bereits die Rede war. Dann verändern Sie diese Erfahrung in Ihren Gedanken einfach, indem Sie die Submodalitäten der positiven Erfahrung auf die negative übertragen.

Nehmen Sie also die negative Erfahrung, schließen Sie die Augen und machen Sie die negative Erfahrung hell, verwandeln Sie die Erfahrung in einen Film, den Sie mit eigenen Augen sehen. Sie werden erkennen, dass sich die Erfahrung schnell vollkommen verändert und sich auf einmal nicht mehr so negativ anfühlt. Sie haben buchstäblich Ihrer Erfahrung ein anders Bild verpasst – eines, das positiv ist. Sie können auf diese Weise jede Erfahrung oder jeden Umstand »reframen« und eine neue Bedeutung zuteilen. Anstatt sich in Mitleid zu suhlen, ändern Sie einfach nur die Submodalitäten, und Sie nehmen der negativen Erfahrung damit ihre Kraft. So können Sie beginnen, selbst schlimme Erfahrungen neu zu kommunizieren und sich selbst zu stärken. Sie erhalten neuen Elan und richten sich wieder auf Ihre Ziele aus. Sie erzählen sich im Grunde genommen eine Gruselgeschichte neu und verändern diese, damit daraus eine neue und schöne Geschichte wird. Meister der Kommunikation tun dies ganz bewusst. Dabei gehen Sie viel weiter und schauen über den Tellerrand hinaus. Das ist mehr, als sich nur zu fragen: »Ist das Glas halb voll oder halb leer?« Durch die Vorstellungskraft und die Geschichten, die Sie sich selbst erzählen, verändern Sie Ihre Glaubensmuster. Sie können diese Übung für jeden Zustand benutzen, den Sie verändern wollen.

Dabei ist die Affirmation, von der wir im letzten Kapitel bereits sprachen, sehr stark verlinkt mit der eigenen Kommunikation. Jedes Mal wenn Sie behaupten, dass Sie wenig Geld haben oder dass Ihr Geld für eine gewisse Anschaffung nicht gereicht hat, dass Geld nicht auf Bäumen wächst oder

Sie wütend macht, kommunizieren Sie negative Gedanken und assoziieren diese mit dem Thema Geld. Auch wenn Geld wirklich nicht auf Bäumen wächst, Sie nicht Rockefeller sind und sich einige Dinge tatsächlich nicht leisten können, so müssen Sie dennoch dieses Gefühl nicht haben, diese Hilflosigkeit oder Wut nicht verspüren und daher auch nicht Ihr Leben davon beeinflussen lassen. Menschen, die immer nur auf ihre Umwelt reagieren und ihre Gefühle über den Mangel und das Schlechte ausdrücken, das Sie sehen, nennt der Autor Stephen Covey reaktive Menschen. Sie reagieren nur und nörgeln über das Leben und stellen fest, wie schlecht andere Menschen sind oder wie schlimm die finanzielle, politische, juristische oder globale Lage doch ist. Sie geben gar nicht erst zu, dass sie anderen die Schuld daran geben. Sie betrachten das als Tatsache. Warum tun viele Menschen das? Bitte stellen Sie mir doch nicht solche Fragen! Ich will es lieber gar nicht wissen!

Ich kannte mal eine Geschäftsfrau, die so war. Sie nörgelte permanent an Ihren Mitarbeitern und deren vermeintlicher Unfähigkeit herum. Auf die Frage, warum sie sich keine fähigen Mitarbeiter holte, reagierte sie mit der Feststellung: »Es gibt keine guten Mitarbeiter mehr. Ich muss nehmen, was ich kriegen kann.« Ihr Glaubensmuster war fest verankert und sehr klar. Diesem Glaubensmuster entsprechend bekam sie auch genau das, was sie erwartete. Sie hatte immer nur Mitarbeiter, die unfähig waren. Sie war ein reaktiver Mensch. Reaktive Menschen bleiben reaktiv, wenn sie ihr Verhalten nicht dramatisch verändern.

Vielleicht sind Sie sogar ein solcher Mensch und fassen sich gerade an die eigene Nase. Ob Sie nun zu dieser Spezies Mensch gehören oder nicht: Jeder Mensch kann sich dafür entscheiden, stattdessen ein proaktiver Mensch zu sein. Proaktive Menschen sind Menschen, die Probleme wahrnehmen, sie aber als Herausforderung definieren, anstatt sich darüber zu beklagen, wie schwer doch alles sei. Proaktive Menschen machen sich Gedanken darüber, wie sie die Situation verbessern können. »Er oder sie ist einfach ein positiver Mensch.« Wer so beschrieben wird, hat in Wahrheit eine ganz andere Einstellung. Auch wenn wir bestimmte Ereignisse, wie Jack Canfield bereits erkannte, nicht verändern können, so können wir sie akzeptieren.

Nach dem Abschluss schwieriger Gespräche kam mein Mentor einmal zu mir, lachte mich an und sagte tief durchatmend: »Bitte, lieber Gott, gib mir Geduld und lass mich akzeptieren, was ich nicht verändern kann, damit ich mir die Zeit nehmen kann, zu verändern, was in meiner Macht liegt. Gib mir Geduld, lieber Gott, aber bitte sofort.« Die Fähigkeit, effektiv mit sich selbst zu kommunizieren, ist viel mehr als reiner Positivismus. Diese Fähigkeit erlaubt es Ihnen, eine ganz neue Welt zu schaffen.

Manchmal aber ist das schwieriger, als wir denken. Viel zu viele kleine Geister schwirren um uns herum und hindern uns daran, stark zu sein. Oder sie hindern uns daran, uns auf unsere Ziele und Herausforderungen zu konzentrieren. Manchmal sind es Arbeitskollegen, Freunde oder sogar die eigene Familie. Sie sind echte Energievampire, rauben uns den letzten Nerv oder schwächen uns, reden unsere Träume und Ziele kaputt oder tun alles dafür, dass wir uns nicht neu erfinden oder verbessern. Der Grund? Sie kleben selbst am Boden fest wie ein alter Kaugummi. Sie wollen uns nicht verlieren und sehen uns am liebsten da, wo sie selbst feststecken. Sie sind vielleicht selbst finanziell am Boden oder unglücklich und wollen unter allen Umständen erreichen, dass wir ebenfalls niemals glücklich werden. Wenn Sie solche Menschen in Ihrem nahen Umfeld haben, gibt es nur zwei Möglichkeiten für Sie. Entweder Sie trennen sich, so schnell es geht, von diesen Menschen oder Sie päppeln sie auf und ziehen sie auf Ihrem Weg mit nach oben. Diese zweite Option ist dabei um ein Vielfaches schwerer, denn sie benötigt die Akzeptanz des Anderen. Mein Rat lautet dabei, sich unbedingt mit den Menschen zu umgeben, die Ihnen nicht wie ein Vampir die ganze Energie aussaugen. Umgeben Sie sich mit Menschen, die Sie stärken, die an Sie glauben und die Sie unterstützen. Umgeben Sie sich mit Menschen, die einen besseren Menschen aus Ihnen machen und wollen, dass Sie wachsen. Verlassen Sie alle Neider und all jene Menschen, die Sie blockieren und zurückhalten. Auch wenn dies manchmal sehr schwer ist und Ihnen das Herz bricht, so ist es doch das Beste für Sie. Tun Sie das nicht, laufen Sie Gefahr, sich selbst die Lebensfreude zu nehmen und Ihr Leben an die falschen Menschen zu verschwenden.

Ich habe nie gesagt, dass es ein einfacher Weg ist, finanziell erfolgreich und intelligent zu werden. Man muss des Öfteren schwere Entscheidungen treffen. An genau solchen schweren Entscheidungen aber wachsen Sie auch. Es ist sehr wichtig, ein Umfeld zu schaffen, welches Ihre finanziellen Ziele gutheißt. Ein Grund, warum es Menschen gibt, die den Durchbruch nicht schaffen, ist, dass sie immer noch im falschen Umfeld feststecken und buchstäblich nicht losgelassen haben.

Ist Ihnen einmal aufgefallen, dass wohlhabende Menschen sich gerne mit anderen wohlhabenden Menschen umgeben? Das liegt vor allem daran, dass sie verstanden haben, was Sie auf den letzten Seiten gelernt haben. Sie wissen, dass Sie der finanzielle Durchschnitt derjenigen sind, mit denen Sie sich umgeben. Müssen Sie deshalb jetzt Ihre Freunde vernachlässigen und nur noch mit Millionären um die Häuser ziehen? Nein, das müssen Sie nicht. Achten Sie nur ganz bewusst darauf, mit welchen Menschen Sie wie viel Zeit verbringen.

Umgeben Sie sich bewusst mit erfolgreichen Menschen. Treten Sie einem Golfclub, einem Tennisclub oder einem anderen vergleichbaren Verein bei und verbringen Sie dort Zeit mit den Menschen. Lernen Sie andere Menschen kennen und lernen Sie von ihnen. Sie werden ganz automatisch bestimmte Glaubensmuster von ihnen übernehmen. Sie müssen das nicht unbedingt tun, um alleine daraus einen Vorteil zu ziehen. Andere erfolgreiche Menschen kennenzulernen, ist wahnsinnig spannend und aufregend. Sie schaffen damit auch die Möglichkeit, anderen Menschen zu helfen, die vielleicht Ihre ganz spezielle Hilfe benötigen. Sie können so viel von anderen lernen und sich weiter verbessern und wachsen.

Sie werden bisher, denke ich, verstanden haben, dass es besonders darum geht, sich menschlich zu verändern, um Ihr finanzielles Leben zu verändern. Jede Veränderung entsteht erst in Ihnen und dann in Ihrem Umfeld, in der Welt, die Sie sehen und fühlen können. Das Unsichtbare wird erst sichtbar, wenn Sie bei sich selbst beginnen. Jede Veränderung beginnt bei Ihnen. Diese Veränderungen können Sie bewusst einleiten, indem Sie die Kunst der Kommunikation perfektionieren.

Die Perfektionierung der Kunst der Kommunikation jedoch betrifft nicht nur Ihr Leben alleine. Bisher haben wir davon gesprochen, dass es Selbstkommunikation auf non-verbaler und verbaler Ebene gibt. Genauso, wie Sie mit sich selbst kommunizieren, so kommunizieren Sie auch mit anderen. Wir drücken dabei unsere Gefühle und Gedanken selbst gegenüber anderen Menschen aus und könnten sogar selbst einer dieser bereits erwähnten Energievampire für jemand anderes sein. Achten Sie darauf, wie Sie mit sich selbst kommunizieren und welchen Gedanken und Emotionen Sie bei anderen Menschen Ausdruck verleihen. Sie könnten falsch verstanden werden.

In einem meiner Lieblingsfilme von Francis Ford Coppola, »Der Pate«, Teil 1, gibt es diese eine Szene, die es etwas überspitzt, aber dennoch sehr gut trifft. Deshalb Ladies und Gentlemen, Vorhang auf für »Der Pate«: In besagter Szene verhandelt der Pate, gespielt von Marlon Brando, mit dem türkischen Gangster Sollozzo. Er unterbricht den Sohn des Paten, den Mafia-Boss, im Gespräch. Im Anschluss daran fällt der bezeichnende Satz: »Zeige niemals jemandem außerhalb deiner Familie, was du wirklich denkst!« Eine grandiose Szene!

Selbst wenn Sie ein emotionaler Mensch sind, was völlig in Ordnung ist, achten Sie darauf, welche Emotionen Sie empfinden, bei sich selbst zulassen und welche davon Sie ausdrücken. Achten Sie besonders darauf, welche Ihrer Emotionen Sie anderen Menschen zeigen. Dieser Umstand hat nichts damit zu tun, verschlossen sein zu müssen. Er hat lediglich damit zu tun, dass wir verstehen müssen, wie mächtig unsere Emotionen und Gedanken wirken, wenn wir sie zum Ausdruck bringen. Glauben Sie mir: Das ist keine leichte Aufgabe. Ich ertappe mich manchmal selbst dabei, nicht alles richtig zu machen. Doch kein Meister ist je vom Himmel gefallen. Beginnen Sie einfach damit und zwar noch heute.

Auch wenn wir gerade über die Kommunikation sprechen und auch wenn es klingt, als wäre dieses Thema weitab von jeder finanziellen Situation, so hat die Kommunikation eine entscheidende Rolle in jedem unserer Lebensbereiche. Wie Sie mit anderen Menschen kommunizieren, hat einen direkten Einfluss auf Ihr finanzielles Leben. Durch die richtige Art der Kommunikation können Sie Menschen für sich gewinnen und neue Chancen mit anderen Menschen schaffen. Sie werden mit ins Boot geholt, erhalten neue Möglichkeiten und lernen neue, interessante Menschen kennen. Dabei müssen Sie gewisse Spielregeln beherrschen und diese strikt verfolgen.

1. Spielregel: Erst helfen, dann Hilfe erwarten
Wissen Sie, wie oft ich E-Mails erhalte, in denen mich fremde Menschen um einen Gefallen bitten? Wöchentlich! Mittlerweile fast täglich! Wenn Sie einen Gefallen einfordern wollen, müssen Sie erst etwas dafür geben. Wenn Sie den Kontakt mit einem bestimmten Menschen suchen, dann finden Sie zuerst heraus, wie Sie diesem Menschen helfen können. Jeder Mensch mag es, wenn er oder sie das Gefühl hat, dass sich jemand anderes um ihn sorgt oder kümmert. Helfen Sie anderen Menschen als erstes – und zwar nicht, weil Sie später einen Gefallen einfordern wollen, sondern weil Sie eine Beziehung zu ihnen entwickeln wollen. Eine solche Beziehung kann am Ende Ihnen beiden Nutzen bringen. Das gilt besonders für geschäftliche Beziehungen, die am Ende des Tages Ihr finanzielles Leben beeinflussen.

2. Spielregel: Fragen, fragen, fragen!
Zur Schulzeit war ich dafür bekannt, der nervigste Junge im ganzen Klassenraum zu sein. Ich fragte dem Lehrer Löcher in den Bauch und wollte permanent zu allem irgendetwas wissen. Ich bekam aber auch immer eine Antwort, und meine Fragen wurden gelöst. Ich bin im geschäftlichen Leben nicht anders. Ich frage immer höflich, ob mein Gegenüber mir etwas erklären kann oder ob ich dem- oder derjenigen über die Schulter sehen darf. Egal, ob diese Person ein Vielfaches älter oder jünger ist als ich. Ich will lernen, also frage ich! Wer nicht fragt, der nicht gewinnt! Schon mal gehört? Fragen Sie die Menschen. Greifen Sie zum Hörer, schreiben Sie einen Brief oder eine E-Mail oder gehen Sie vorbei und klopfen Sie an die Tür. Viele Menschen unterlassen es zu fragen, weil sie Angst davor haben, gedemütigt oder abgelehnt zu werden. Als ich einmal von einem erfolgreichen Geschäftsmann aus der Nachbarschaft erfuhr, klopfte ich schon bald darauf an seine Tür, brachte ihm einen Kuchen und verabredete ein Meeting. Ich fragte ganz höflich, ob ich als Student von ihm

lernen könne, weil ich viel von seinem Erfolg gehört hätte. Denken Sie etwa, ich wurde abgelehnt? An diesem Tag hatte ich Erfolg. Appellieren Sie dabei ruhig an die Gutherzigkeit anderer Menschen. Doch manchmal wird man auch abgelehnt. Dennoch habe ich nie die Erfahrung gemacht, öfter ein »Nein« zu hören als ein »Ja«. Wir Menschen sind Wesen, die gerne helfen. Wenn wir es können, tun wir es auch gerne. Wer Ihnen nie helfen will und immer nur Nein sagt, der ist vielleicht auch am Ende nicht der richtige Umgang für Sie. Verbringen Sie dann einfach Ihre Zeit mit anderen Menschen, die Ihnen die gewünschten Antworten geben können. Schämen Sie sich nicht, Fragen zu stellen, denn die Angst vor Zurückweisung existiert nur in Ihrem Kopf. Sie ist nicht real und daher auch kein Grund, das Fragen stellen zu unterlassen.

3. Spielregel: das eigene Netzwerk pflegen

Finanziell erfolgreiche Menschen pflegen ihr Netzwerk. Sie schreiben Weihnachtskarten, Geburtstagskarten, gratulieren am Telefon, schicken kleine Geschenke und erkundigen sich regelmäßig nach dem Wohlergehen ihrer Mitmenschen. Das können Kunden, Freunde oder Arbeitskollegen sein. Finanziell abhängige Menschen kaufen meist keine Grußkarten. Sie nehmen sich auch nicht die Zeit für andere Menschen. Sie glauben, sie sollten ihre knapp bemessene Zeit lieber für die Arbeit oder für sich selbst nutzen. Manchmal sind sie sogar zu geizig, um eine Grußkarte zu kaufen. Pflegen Sie Ihr Netzwerk und tun Sie das regelmäßig. Legen Sie sich doch eine Kartei oder ein Buch mit den Kontaktdaten Ihrer (Geschäfts-)Freunde und Bekannten an. Schreiben Sie Namen, Adressen, Telefonnummern, Geburtstage, Beruf, Name der Kinder, Hobbys und Interessen Ihrer Kontakte auf. Sie können dann sogar die erste Regel der Kommunikation erweitern und verschiedene Menschen aus Ihrem Netzwerk zusammenführen. Diese werden es Ihnen danken.

4. Spielregel: Körpersprache

Ein jeder Unternehmer wird Ihnen erklären, dass es zwei Fähigkeiten sind, die maßgeblich für den geschäftlichen Erfolg sind. Die eine ist die Fähigkeit, die eigenen Ideen, Produkte und Leistungen erfolgreich zu verkaufen oder zu vermitteln. Die zweite ist die Fähigkeit, anhand der eigenen Körpersprache die richtige Botschaft zu vermitteln. Es ist nicht nur wichtig, was Sie zu wem sagen, sondern vor allem auch, wie Sie es sagen. Das deutsche Allensbach-Institut fand heraus, dass die Gestik und Mimik 55 Prozent der Kommunikation ausmachen, 26 Prozent auf die Stimme entfallen und nur 19 Prozent auf den fachlichen Inhalt. Da wir die Stimme auch zur Körpersprache zählen, kommen wir so auf einen Anteil von 81 Prozent, den die Körpersprache an der Gesamtbotschaft ausmacht. Wie Sie etwas sagen, ist also meist sogar noch wichtiger als was Sie sagen. Sie glauben mir nicht? Schreien Sie mal Ihren Partner mit den Worten »Ich hab dich lieb« an. Ich glaube nicht, dass Sie damit den gewünschten Effekt erzielen.

Die Körpersprache beeinflusst nicht nur die externe Kommunikation, sprich die Kommunikation mit anderen Menschen, sondern auch die Kommunikation mit sich selbst. Stehen Sie einmal auf, legen Sie das Buch weg und drücken Sie die Brust heraus und ziehen Sie die Schultern nach hinten. Stellen Sie sich gerade hin und lächeln Sie einfach ohne Grund. Merken Sie die Veränderung? Die eigene Körpersprache beeinflusst, wie wir uns selbst sehen beziehungsweise fühlen und wie andere uns wahrnehmen. Wenn Sie ein Mensch sein wollen, mit dem andere Menschen gerne ihre Zeit verbringen, dann zeigen Sie das auch durch Ihre Körpersprache. Wenn Sie mehr über das Thema Körpersprache lernen möchten oder erfahren wollen, wie Sie Menschen durchschauen, ist womöglich mein Buch »Glaub Mir Ich Lüge – Wie Sie Lügen erkennen und Menschen durchschauen können« etwas für Sie.

5. Spielregel: Dankbarkeit

Zeigen Sie den Menschen Ihre Dankbarkeit. Wenn Sie es nicht aufgrund Ihrer Erziehung sowieso schon tun, gewöhnen Sie sich an, sich stets zu bedanken. Tun Sie es selbst für Kleinigkeiten und zeigen Sie eine ehrliche und wertschätzende Dankbarkeit. Geben Sie anderen Menschen das Gefühl, wichtig zu sein. Jeder Mensch liebt das Gefühl von Wichtigkeit.

Abschließend lässt sich sagen, dass die Kommunikation ein wichtiger Bestandteil Ihrer Werkzeugkiste ist. Sie besteht aus der Kommunikation mit sich selbst und der Kommunikation mit anderen. Die Kommunikation mit sich selbst hat dabei das Ziel, der Mensch zu werden, der Sie sein möchten und sich selbst bewusst zu verändern, während die Kommunikation mit anderen das Ziel hat, sich selbst zu präsentieren und mit anderen Menschen Chancen zu schaffen, aus denen alle gemeinsam Kapital schlagen können. Perfektionieren Sie diese Fähigkeit! Rückblickend hätte ich gerne ein Schulfach gehabt, in dem diese Fähigkeit vermittelt wird. Schade eigentlich, dass es das nicht gab! Ich habe in der Schulzeit einfach sprachliche Stilmittel auswendig lernen dürfen. Diese sind im Alltag auch wahrhaft sehr nützlich! Ich brauche das Wissen um eine Epipher fast täglich. Sie wissen, was ich meine. Bitte nehmen Sie mich nicht zu ernst!

> *Mut ist kein Mangel an Angst*
> *oder die Abwesenheit von Angst.*
> *Es ist die Beherrschung von Angst,*
> *die Kontrolle von Angst.*
>
> Mark Twain

Kapitel 6:
Geld verstehen lernen (Teil 1)

Geld ist geprägte Freiheit.
Fjodor Michailowitsch Dostojewski

Lassen Sie uns über Geld sprechen. Ich bin mir dessen sehr bewusst, dass Geld in vielen Familien ein schwieriges Thema ist und dass nur sehr ungern über Geld gesprochen wird. Niemand will offen sagen müssen, wie viel er oder sie verdient. Egal, ob es nun ein Riesenstapel Geldscheine ist oder nur ein kleiner Hügel Münzen ist, den man verdient. So richtig gerne spricht keiner über dieses Thema. Es scheint, als müsste man sich mit viel Geld profilieren und mit wenig Geld verteidigen. Ich möchte daher vorab sagen, dass ich mein Urteil darüber, ob ein Mensch gut oder schlecht ist, nicht daran festmache, wie viel Geld er hat. Ich möchte daher niemanden aufgrund seiner momentanen finanziellen Lage beschuldigen oder diskriminieren. Auch stelle ich nicht die Behauptung auf, dass alles, was ich schreibe oder von mir gebe, den einzig richtigen Weg weist. Ich teile meine Erfahrungen mit Ihnen und bringe zu Papier, was ich gelernt habe und lernen durfte. Dieses Wissen hat mir gute Dienste erwiesen. Ich habe davon profitiert, und da ich den Wunsch habe, Ihnen einen Wert mitzugeben und Ihnen zu helfen, hoffe ich, dass Sie mir diese Zeilen nicht übel nehmen, sondern sie als die Hilfe erkennen, die ich Ihnen geben möchte. Nachdem das aus der Welt ist, lassen Sie uns nun über Geld reden und zum Thema kommen.

Geld, Kohle, Moos, Asche, Moneten, Cash. Wir benutzen viele Worte für das liebe Geld und sprechen dabei meist von Bargeld. Der erste Schritt zu einer höheren finanziellen Intelligenz besteht darin zu verstehen, dass Bargeld Liquidität ist.

Liquidität
Der Begriff Liquidität (von lateinisch *liquidus*, »flüssig«) bedeutet nichts anderes als Bargeld. Selbst in der Betriebswirtschaftslehre wird der Begriff der Liquidität für den Kassenbestand eines Unternehmens verwendet. Wenn wir von Liquidität sprechen, sprechen wir vom Bargeld. Ganz recht. Es sind richtige Scheine, solche mit netten Gesichtern darauf. Um wahre Finanzielle Intelligenz zu erlangen, müssen Sie verstehen, dass wir nicht einfach den Begriff des Geldes verwenden können, um alles zu erklären. Würden wir das tun, könnten Sie im späteren Verlauf des Buches den Überblick verlieren und würden munter und fröhlich alles durcheinanderwürfeln. Vielleicht wurden Sie ja einmal gefragt, wie flüssig Sie sind? Der Grundgedanke der Liquidität liegt genau in dieser einfachen Frage. Liquidität bezeichnet die Zahlungsmittel, die Sie aufbringen können. Doch woher kommt diese Liquidität? Woher kommt das Geld? Wer hat's erfunden? Diesmal waren es nicht die Schweizer!

Das erste Geld wurde etwa 4500 vor Christus in Mesopotamien, dem heutigen Süden des Iraks, benutzt. Die Menschen benutzten Gold, Silber und Kupferstücke, um sie gegen Waren einzutauschen. Doch die Aufzeichnungen des Geldes gehen viel weiter zurück – bis zum Jahre 6000 vor Christus. In Lydien, Kleinasien, tauschten die Menschen die ersten Einheiten eines Wertes gegen Waren. Wissenschaftler sprechen davon, dass im damaligen Lydien die erste Art von Geld benutzt wurde, auch wenn 1500 Jahre später erst echte Goldmünzen verwendet wurden. Doch egal, wo das erste Geld der Geschichte eingesetzt wurde: Sie können sich merken, dass der wahre Wert der Liquidität derjenige ist, dem wir ihm beimessen. Wenn wir also davon sprechen, Wohlstand aufzubauen, schaffen wir in erster Linie Kapital. Das Kapital aber ist nicht gleich dem Geld, welches wir verdienen. Unser Kapital ist dabei ein Messwert. Die Liquidität ist dabei nur eine Kennzahl, die unseren finanziellen Zahlungswert bestimmt. Benutzen Sie einfach einmal einen Währungsrechner oder schauen Sie auf die aktuellen Wechselkurse. Sie erkennen, dass diejenige Währung, die Sie in Händen halten, keinen festen Wert besitzt. Der Wert der Liquidität schwankt. Wenn Sie auf Bargeld vertrauen und es nicht gegen eine Investition tauschen möchten, so muss ich Ihnen diese Illusion rauben: Ihr Bargeld ist bereits eine Investition. Die Werte, die Sie besitzen, liegen in Form von liquiden Mitteln vor. Sie besitzen Bargeld statt einer anderen Art von Werten. Sie tauschen also nicht Bargeld gegen eine Investition, sondern transferieren nur Ihre Werte vom Bargeld in eine andere Form. Die Form Ihrer Werte und Ihres Kapitals bildet also Ihren materiellen Wohlstand und nicht etwa, wie angenommen, das Geld. Wie recht Seneca doch hatte, als er sagte, dass Geld noch niemanden reich gemacht habe.

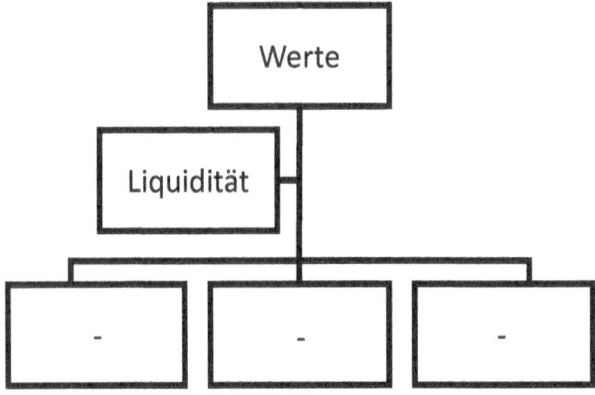

Wir werden im Laufe der folgenden Kapitel die obige Abbildung vervollständigen. Die Liquidität steht für sich als Wert allein, da wir sie als Zahlungsmittel für andere Werte benutzen. Obwohl wir theoretisch selbst mit Gold an der Kasse eines Geschäftes bezahlen könnten, sind Rohstoffe ausgegliedert. Doch im Folgenden mehr dazu.

Der Grundgedanke des Geldes besteht also darin, Werte zu schaffen. Vor Jahrhunderten waren diese Werte nicht ganz klar vergeben. Ein Händler konnte zwei Birnen gegen einen Apfel tauschen. Ein anderer cleverer Händler konnte sogar drei Birnen gegen einen Apfel erhalten. Der Wert eines Apfels war nicht klar messbar. Heute ist dies anders. Wir können in den Supermarkt gehen und einen Apfel für einen festen Preis erhalten. Das Tauschgeschäft konnte durch die Einführung von Münzen effizienter gemacht werden. Auch Kaufleute konnten somit ihr Vermögen besser überschauen und verwalten. Mit der Technologisierung der heutigen Welt änderte sich auch dies wiederum. Heute gibt es Liquidität, die nicht in Form von Scheinen oder Münzen daherkommt. Diese Liquidität wird Giralgeld genannt. Das Giralgeld ist jene Liquidität, die Sie auf Ihrem Bankkonto besitzen. Sie können sich dieses Bankguthaben zwar als Bargeld auszahlen lassen, doch zuvor ist es nur eine Zahl im Computer. Es gibt durchaus Kritik an diesem System. Einige Kritiker betonen, dass Liquidität ohne materielle Existenz überhaupt erst keinen Wert besitzen dürfe. Wenn es virtuelles Geld geben soll, so müsse es auch in materieller Form existieren. Wie dem auch sei. Wenn Sie Gesprächen über Geld lauschen, können Sie davon ausgehen, dass in fast allen Fällen Liquidität gemeint ist. Wohlhabende Menschen sprechen meist nicht nur von Geld, sondern von Werten. Sie sprechen davon, wie ihr Kapital im Wert steigt oder fällt. Konzentrieren Sie sich daher niemals nur auf Ihr Bargeld. Ihr Vermögen wird durch Ihre Werte bestimmt und nicht nur durch Ihre Liquidität. Millionäre sind beispielsweise mindestens eine Million schwer im Hinblick auf die angehäuften Werte, und dazu zählt nicht nur das Bargeld. Vergessen Sie also nicht, Ihre Werte in Ihr Kalkül einzubeziehen und nicht nur Ihre Liquidität.

Bleiben wir doch vorerst einmal bei dem Grundgedanken des Tauschens. Die gängige Volkswirtschaftslehre beruht unter anderem auf diesem Tauschgedanken, dass Produkte und Güter einen Preis zugeschrieben bekommen. Dass Waren einen festen Wert bekamen, machte den effizienten Handel in unserer Welt überhaupt erst möglich. Wenn Ihre Werte steigen, so steigt auch Ihr Vermögen – und das alles auf Grundlage der Tatsache, dass wir tauschen können. Während einige Menschen, meistens ist es vor allem der linke Flügel, immer wieder die Existenz des Geldes verfluchen und die Behauptung aufstellen, dass wir Menschen ohne Geld besser dran wären, so möchte ich bei diesem Gedanken auf Shakespeares Stück Othello verweisen: »Behauptung ist nicht Beweis!«

Als ich 13 Jahre alt war, ermutigte mich mein Vater dazu, meine 300 hart ersparten Piepen in Postbank-Aktien zu stecken. Er sagte, es sei ein solides Unternehmen und ich könnte einmal schauen, wie es denn mit den Aktien so für mich funktioniere. Das Ganze klang sehr nach Spielerei und Casino, aber ich war naiv, jung und vertraute meinem Vater das Geld an, welches er über sein Portfolio für mich anlegte. Die Sache ging natürlich nach hinten los. Als ich begann, Geld zu verlieren, geriet ich in Panik, verkaufte die Aktien und bekam wenigstens noch 190 meiner 300 € wieder. Ein Verlustgeschäft also. Bei Aktien höre ich das öfters. Ich höre unterschiedliche Meinungen von den unterschiedlichsten Menschen. Ich höre sie sagen: »Aktien sind unsicher« oder »Aktien sind nichts wert. Wer mit Aktien arbeitet der zockt«, und noch vieles mehr. Dabei war die Sache doch wenig komplex. Als ich damals die Aktien erwarb, hatten sie einen festen Wert. Ich erinnere mich heute nicht mehr an den Wert, aber sagen wir, um die Geschichte zu vereinfachen, dass der Nennwert einer Aktie bei 10 € lag. Ich konnte also mit 300 € 30 Aktien für je 10 € erwerben. Ich tat also nichts anderes, als den Wert von 300 € aus der Form der Liquidität in die Form der Aktie zu transferieren. Was an diesem Transfer soll denn bitteschön Zockerei sein? Sie zocken ja in dieser Hinsicht genauso, wenn Sie den Wert in Bargeld belassen. Sie wetten auf den Wert der Währung. Egal, wohin Ihre Werte auch fließen, Sie spielen nicht mit Geld und verzocken es schon gar nicht. Sie wechseln einfach die Form. Sie werden also nicht durch Geld reich oder müssen Ihr Geld behüten. Behüten und verwalten Sie lieber Ihre Werte. Alle Werte, die Sie besitzen, haben eine Form und lassen sich in Bargeld verwandeln. So wie ich meine Erfahrung im jungen Alter machte, das Thema »Werte« zu verstehen, so können Sie begreifen, dass der wahre Reichtum zu dem gelangt, der seine Werte meistert.

Der Grundgedanke von Werten wird sogar kleinen Kindern eingebläut und das zu Recht. Bei Spielen wie Monopoly lernt der Spieler, dass auch Geld nur ein Tauschmittel ist und kein Zeichen von Reichtum. Wer ist bei Monopoly die vermögende Person? Der Spieler, der alle Straßen besitzt oder der Spieler der alle Geldscheine besitzt?

> *Willst du dich deines Wertes freuen,*
> *So musst der Welt du Wert verleihen.*
> Johann Wolfgang von Goethe

Kapitel 6: Geld verstehen lernen (Teil 1)

							Form	Liquidität
							Eigenschaft	Zahlungsmittel gemessen am Wechselkurs
							Vorteil	Zahlungsmittel für Güter jeglicher Art
							Nachteil	Starke Abhängigkeit

Wenn Sie in Zukunft die Form Ihrer Werte verändern möchten, können Sie die Tabellen aus diesem Buch dafür verwenden, um sich klar zu machen, welche Form und damit welche Eigenschaften Ihre Werte annehmen. Im weiteren Verlauf werden wir diese Tabelle immer weiter vervollständigen. Wir betrachten jedoch lediglich einige der interessantesten und zugleich wichtigsten Formen. Jede Form aufzulisten, würde den Rahmen des Buches sprengen. Es gibt wahrlich wunderbare Möglichkeiten, das eigene Geld zu transformieren.

Eine Unterform der Liquidität ist das Giralgeld, das Sie zuvor kennen gelernt haben. Das Giralgeld ist jene Art von Liquidität, die auf Ihrem Bankkonto schlummert. Das Giralgeld kann in verschiedenen Formen auftreten. Ein beliebtes Beispiel hierfür ist das Tagesgeldkonto. Auf einem Tagesgeldkonto sind die Werte immer noch in Form von Liquidität vorhanden. Das Manko eines Tagesgeldkontos allerdings ist, dass Sie keinen unbegrenzten Zugang zu Ihrem Geld haben, wie es beispielsweise bei einem Girokonto der Fall ist. Der Vorteil allerdings ist, dass der Zinssatz deutlich höher ist, als bei einem normalen Girokonto. Von einem Girokonto können Sie Überweisungen tätigen oder eine Rechnung durch Lastschrift bezahlen. Bei einem Tagesgeldkonto geht das in der Regel nicht.

Vor etwa einem halben Jahr wurde ich nach einem Vortrag zur ersten Ausgabe dieses Buches gefragt, ob ich gegen eine mögliche Inflation denn ein Tagesgeldkonto empfehlen würde? Die Frage gebe ich an Sie weiter. Wäre es sinnvoll, sich gegen das Risiko einer Inflation mit einem Tagesgeldkonto zu schützen? Schauen wir auf die Tabelle zurück. Das Tagesgeldkonto ist immer noch eine Form von Liquidität. Tagesgeld ist somit nicht optimal gegen eine mögliche Inflation geschützt, da im Falle der Inflation liquide Mittel als erstes betroffen sind. Der Wert der liquiden Mittel schwankt zu Zeiten der

Inflation zu sehr. Der Wert der Liquidität schwankt permanent, jeden Tag und jede Stunde. Zu Zeiten der Inflation sollten Sie auf weniger schwankende Mittel zurückgreifen, über die Sie eine permanente Kontrolle besitzen. Vergessen Sie also gleich die Option, sich als Mittel gegen eine mögliche Inflation ein Tagesgeldkonto zuzulegen. Dies wäre finanziell wenig intelligent. Dabei ist die Inflation weder gut noch böse. Es kommt nur darauf an, welche Form Ihre Werte besitzen. Merken Sie sich, dass Ihre Liquidität volatil und daher niemals sicher ist vor den Eruptionen des globalen Finanzgeschehens.

Die Liquidität ist natürlich nicht die einzige Form, in der Werte vorhanden sein können. Die Werte wechseln vielmehr laufend ihre Form. Heutzutage können sie innerhalb weniger Sekunden gewechselt werden. Schauen Sie sich die Börse an. Jeden Tag werden Tausende von Wertpapieren gehandelt und in andere Werte umgewandelt. Die Liquidität ist dabei die bekannteste Form. Wir benutzen sie jeden Tag, um Einkäufe zu tätigen und um uns Nahrungsmittel zu kaufen. Werte können in positiven und negativen Formen auftreten. Wir werden nun einmal all jene Vermögenswerte (engl. Assets) beleuchten. Vermögenswerte sind für Sie unerlässlich und werden in der Zukunft Ihr bester Freund sein. Das ist zwangsläufig so, wenn Sie an einer erfolgreichen finanziellen Zukunft arbeiten möchten. Ihre Vermögenswerte bestimmen buchstäblich Ihr Vermögen.

Doch bevor wir mit den unterschiedlichen Formen der Vermögenswerte beginnen, lassen Sie uns klären, was ein Vermögenswert überhaupt ist.

Vermögenswert
Ein Vermögenswert ist das Produkt der Umwandlung Ihrer liquiden Mittel in eine andere Form. Diese Form, einfach

gesagt, soll weitere Liquidität in Ihre Taschen stopfen. Platt gesagt füllen Vermögenswerte Ihre Taschen mit Geld. Um Ihre finanzielle Zukunft so großartig wie nur möglich zu gestalten, werden Sie um das Thema Vermögenswerte nicht herumkommen. Alle Vermögenswerte werden für Sie in Zukunft von unermesslichem Nutzen sein. Ohne Vermögenswerte im Portfolio sieht Ihre finanzielle Zukunft sehr düster aus. Sie werden lernen, wie Sie Vermögenswerte erkennen und bewerten können. Da Ihr Vermögen ebenfalls Ihre Liquidität enthält, schauen wir uns jetzt eine neue Form der Vermögenswerte an.

Wertpapiere
Da ich zuvor schon meine ersten Börsenerfahrungen geschildert habe, knüpfe ich jetzt daran an. Die zweite Form von Werten die wir kennenlernen, sind die der Wertpapiere. Diese Form gibt es noch nicht so lange wie die Liquidität, dennoch ist sie nicht minder wichtig. Diese Form kann äußerst komplex sein. Wertpapiere sind nicht zwangsläufig Aktien, wie Sie vielleicht vorschnell denken könnten. Anteile an Unternehmen, genannt Aktien, sind nur eine von vielen Formen der Wertpapiere. Diese Formen werden weiter differenziert. Anleihen zum Beispiel können verschiedene Ausprägungen haben. Es gibt beispielsweise Staatsanleihen, Unternehmensanleihen oder Zero-Bonds. »Wer soll da noch in seiner Freizeit den Überblick behalten?«, mag einer denken. Ich gebe zu, dass besonders Banken immer wieder mit obskuren Finanzprodukten den Markt zupflastern und dass man dabei schnell den Überblick verlieren kann. Wir halten es aber vorerst einfach, denn wir müssen verstehen, dass Wertpapiere verschiedene Formen haben, in welche wir unser Geld transferieren können. Dabei hat jede Form von Wertpapier wiederum ihr eigenes Risiko und ihre eigenen Gewinnchancen.

Wer mit Aktien Geld verdienen will, macht dies nicht mit dem Kopf oder mit dem Bauch, sondern mit dem Hintern, indem er möglichst lange drauf sitzen bleibt.
Börsenweisheit

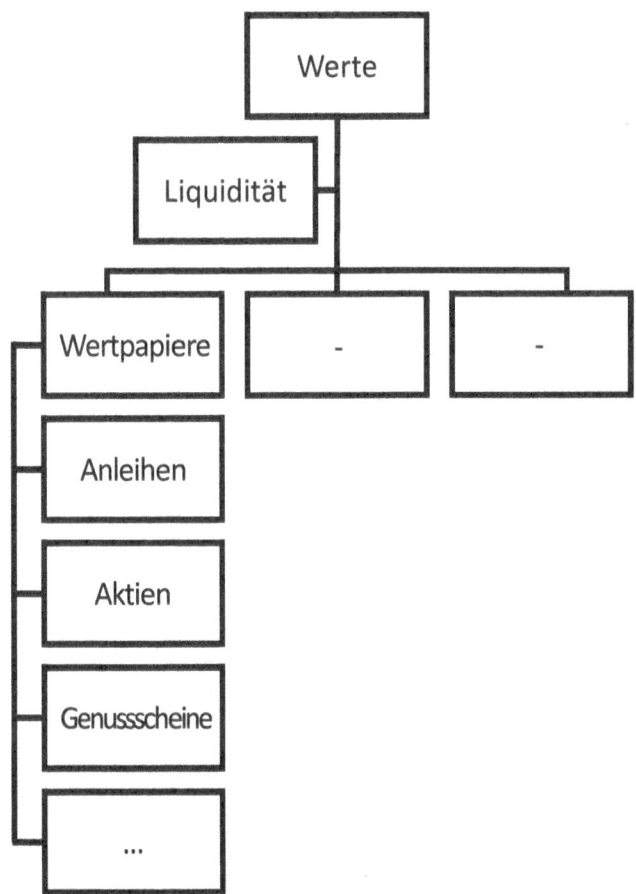

Viele der Wertpapiere besitzen Eigenschaften die für einen potenziellen Investor attraktiv sein können. Nehmen wir die

Aktie als Beispiel. Die beliebtesten Aktien, die an der Börse gehandelt werden, sind Anteile an den sogenannten Fortune 500, den 500 umsatzstärksten Unternehmen der Welt. Im Deutschen Aktienindex (DAX) oder im amerikanischen Dow Jones Industrial Average (Dow Jones) sind die größten Unternehmen im jeweiligen Land gelistet, und einen solchen Leitindex gibt es in fast jedem Land. Der Investor hat hier die Möglichkeit, eine Aktie eines Unternehmens für den Kurs, also den Preis der jeweiligen Aktie, zu kaufen. Der Wert der Aktie kann fallen und steigen. Das Prinzip ist einfach. Man versucht zu kaufen, wenn die Aktie günstig ist, und wieder zu verkaufen, wenn der Preis der Aktie gestiegen ist. Solange die Aktie im Depot verbleibt, verliert man weder Geld noch gewinnt man Geld. Erst wenn die Aktie verkauft oder gekauft wird, streicht man einen Verlust oder einen Gewinn ein. Ich hätte also sehr wohl als Junge die Aktie noch halten können und hätte nicht sofort verkaufen müssen. Hätte ich nicht verkauft, so hätte ich nichts verloren. Die Tatsache, dass eine Aktie fällt und steigt ist ganz natürlich. Beim Aktienhandel spielen immer auch die Gefühle eine Rolle. Ein kleiner Rat nebenbei: Wenn Sie Ihre Liquidität in andere Werte transferieren, dann halten Sie Ihre Gefühle aus der Gleichung heraus!

Das Schöne an einer Aktie kann die sogenannte Dividende sein. Einige Unternehmen schütten ihren Aktionären eine Dividende aus. Kein Unternehmen bestellt hierfür Kolonnen von LKWs, um etwas zu schütten. Es wird lediglich ein Betrag auf das Konto des Aktionärs eingezahlt. Diese Zahlung erhält der Aktionär aus nur einem Grund. Der Grund ist simpel. Die Zahlung erfolgt nur, weil der Aktionär die Aktie hält und besitzt. Je mehr Aktien Sie besitzen, desto größer fällt die Dividende aus. Dabei kommt es nur darauf an, ob Sie Aktien zu einem bestimmten Stichtag besitzen oder nicht. Diese Dividende ist ein Teil des Gewinnes der Periode (Zeitraum), in dem das Unternehmen einen Gewinn erwirtschaftet hat.

Man könnte fast sagen, dass die Aktionäre eine Art Leckerli dafür bekommen, da sie brav in die Organisation investiert haben. Sie bekommen einen Teil des Kuchens ab.

Ein weiterer Vorteil der Aktie ist, dass Sie mit dem genauen Timing hohe Erträge erzielen können. Der Nachteil allerdings ist, dass Sie ein komplexes Wissen über die Geschehnisse an der Börse besitzen müssen. Sie müssen ständig informiert bleiben und gut vernetzt sein. Es ist schwer zu prognostizieren, wo das Unternehmen und damit die Aktie in einigen Monaten oder Jahren stehen wird. Mein Rat an Sie lautet: Falls Sie sich entscheiden, an der Börse aktiv zu werden, sollten Sie nicht anfangen zu hoffen und zu spielen. Lernen Sie stattdessen, klug zu investieren. Um die Dividende zu nutzen, müssen Sie kein Benjamin Graham oder Warren Buffett sein. Selbst als kleiner Aktionär können Sie eine ansehnliche Dividende einfahren. Der Trick ist in Wahrheit gar kein Trick. Sie müssen lediglich beginnen. Falls Sie an Aktien interessiert sind, sollten Sie sich bei Ihrer Bank über die Einrichtung eines Depots erkundigen. Für kleines Geld – häufig sogar kostenfrei – können Sie bereits ein Depot eröffnen. Die Kosten, die für Depotführung und Wertpapierkauf anfallen, variieren je nach Anbieter. Machen Sie daher ruhig eine Gegenüberstellung der Leistungen einer jeden Bank, welche für Sie in Frage kommt. Beachten Sie, dass nicht jede Aktiengesellschaft den Aktionär mit einer Dividende bedenkt. Um immer auf dem Laufenden zu bleiben, sollten Sie die Börse täglich verfolgen und einige Aktiengesellschaften gezielt im Auge behalten. Sie können damit beginnen, einige Wochen und vielleicht sogar Monate damit zu verbringen, nur die Kurse zu beobachten. Doch erinnern Sie sich daran, dass Sie nicht mit Ihren Werten spielen sollten. Investieren Sie lediglich in eine Aktiengesellschaft, deren tägliches Geschäft Sie verstehen und gut finden. Eine Gesellschaft, deren Handeln und Geschäftsmodell Sie nicht verstehen, ist auch keinen Penny Ihrer Liquidität wert.

Immobilien
Eine andere Form der Vermögenswerte, in die investiert werden kann, ist der Immobilienmarkt.

Immobilien (engl. Real Estate) sind nicht weniger komplex als Aktien. Auch hier ist es unerlässlich, dass der Investor, der sich für den Immobilienmarkt entscheidet, sein finanzielles Wissen aufbaut, bevor er investiert. Das Prinzip ist ähnlich wie bei dem der Aktie. Der Investor versucht, die Immobilie zu einem günstigen Preis zu kaufen und zu einem höheren wieder zu verkaufen. Auch »zahlt« eine Immobilie Dividenden. Im Immobilienmarkt sprechen wir jedoch nicht von einer Dividendenzahlung, sondern von Mieteinnahmen. Unter Investoren spricht man auch gerne von dem sogenannten Cashflow. Für einen potenziellen Investor ist das Attraktive am Immobilienmarkt, dass die Mieteinnahmen wesentlich höher sind als die meisten Dividendenzahlungen einer Aktiengesellschaft (AG). Der Nachteil jedoch besteht darin, dass Immobilien weitaus teurer sind, als es eine einzige Aktie ist. Während Sie eine Aktie bereits für wenige Euro oder sogar Cent erhalten können, kosten Immobilien Sie meist sehr viel mehr Geld. Weiterhin erhalten Sie Dividendenzahlungen schon, wenn Sie eine Aktie nur besitzen. Eine Immobilie dagegen muss vermietet sein, damit sie Cashflow generieren kann. Ist diese Immobilie nicht vermietet, bleibt der Cashflow aus. Darüber hinaus sind Mieter auch nur Menschen und daher auch nicht immer einfach. Als Vermieter tragen Sie damit auch das Risiko, dass eine Mietzahlung ausbleibt. Dies bedeutet auch, dass Sie sich rechtlich absichern müssen, wenn Sie in den Immobilienmarkt einsteigen. Eine Immobilie zu erwerben, erfordert einen höheren Zeitaufwand, als es braucht, um eine Aktie zu kaufen. Eine Aktie können Sie mitunter per Telefonanruf kaufen, während Sie für Immobilien mehr Zeit und Recherche benötigen.

Um die richtige Form einer Immobilie oder eines Grundstücks zu finden, benötigt man ein hohes Maß an Finanzieller Intelligenz. Wenn Sie sich in diesem Bereich weiterbilden wollen, empfehle ich Ihnen, eines der im Anhang empfohlenen Bücher zu lesen.

Doch bitte missverstehen Sie den Gedanken vom Vermögenswert einer Immobilie nicht. Ihr eigenes Haus ist beispielsweise kein Vermögenswert! Auch wenn es viele Menschen vielleicht glauben und behaupten, dass ihr Eigenheim ein Vermögenswert sei, bleibt Ihr Eigenheim eine Verbindlichkeit. Wir haben bisher bereits besprochen, was ein Vermögenswert ist, und Sie erkennen sicherlich an, dass Ihr Eigenheim Ihnen kein Geld in die Taschen bringt. Im Gegenteil! Es kostet Sie Geld, Strom und Gas, Grundsteuer und kommunale Gebühren müssen jeden Monat bezahlt werden. Vielleicht haben Sie ihr Eigenheim finanziert und müssen sogar noch die Hypothek bezahlen. Ihr Eigenheim kostet Sie also eine ganze Stange Geld. Ein Vermögenswert bringt Ihnen Geld, während Verbindlichkeiten Ihnen Geld entziehen. Sie werden im Laufe des Buches noch Genaueres über das Thema »Verbindlichkeiten« lernen. Doch machen Sie nicht den Fehler zu glauben, dass Ihr Eigenheim ein Vermögenswert sei. Auch wenn die Medien oder schlechte Berater dies immer wieder behaupten, ist und bleibt Ihr Eigenheim eine Verbindlichkeit. Dadurch, dass sie immer wieder in den Raum gestellt wird, wird eine solche Behauptung nicht korrekter. Erst eine Immobilie, die Sie an eine andere Person vermieten oder verkaufen, ist ein Vermögenswert. Einfach aus dem Grund, weil sie Ihnen Geld bringt. Fragen Sie sich einfach immer, ob das Investment Ihnen Geld auszahlt oder ob es Ihnen Geld entzieht. Erst wenn es Ihnen Geld bringt, ist das Investment auch ein wirklicher Vermögenswert. Vermögenswerte haben nicht das Ziel, Geld zu kosten, sondern ihren Wert zu erhöhen.

Form	Eigenschaft	Vorteil	Nachteil
Liquidität	Zahlungsmittel gemessen am Wechselkurs	Zahlungsmittel für Güter jeder Art	Starke Abhängigkeit
Aktien	Anteile eines Unternehmens oder einer Organisation	Dividenden	benötigt komplexes Verständnis
Immobilien	Materieller Wert	Mieteinnahmen	Gesetzliche Restriktionen und hohe Kosten

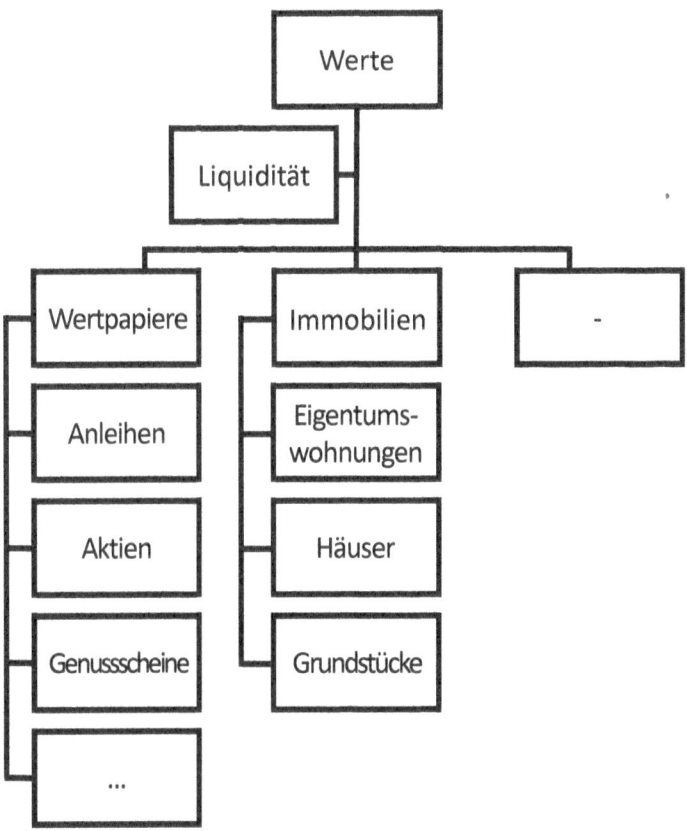

Rohstoffe

Wenn Sie einige Seiten zurückblättern zu der Stelle, als vom Thema der Inflation die Rede war, so stellen Sie sich sicherlich die Frage, wie Sie Ihre Werte in solch einer Situation schützen können? Eine der beständigsten Methoden der Werteumwandlung ist die Umwandlung in Ressourcen oder Rohstoffe. Rohstoffe sind im Gegensatz zu Aktien oder Immobilien nicht vom Menschen geschaffen worden, sondern von der Natur selbst. Edelmetalle wie Gold, Silber oder Platin sind begrenzte Ressourcen auf unserer schönen Erde. Sie können nicht neu geschaffen werden, auch wenn dies im Verlauf der Geschichte schon unzählige Male versucht wurde. Der Preis dieser Edelmetalle ist daher relativ unflexibel. Aufgrund ihres nahezu starren Preises wurde der US-Dollar bis zum Jahre 1971 gegen Gold aufgewogen, um ihn zu stabilisieren. Doch 1971 geschah das, was nicht hätte passieren dürfen. Der Mensch besitzt eine kriegerische Natur, und um Gräueltaten und Kriege zu finanzieren, schaffte Präsident Nixon den Goldstandard, also die Bindung des Dollars an eine feste Menge Gold, ab. Der US-Dollar war nun nicht mehr an die Goldreserven der Vereinigten Staaten gekoppelt. So eröffnete Nixon die Möglichkeit, munter neue Scheine zu drucken. Man druckte neue Scheine um den Krieg zu finanzieren. Dass dabei jeder neue Schein an Wert verlor und dass damit der Dollar als Währung seinen Wert verlor, beachtete dabei keiner. Wenn Blindheit und Sturheit eine Straftat wären ...!

Gold und Silber werden besonders gerne als Inflationsschutz angepriesen, da Sie durch Gold oder Silber in Zeiten der Inflation immer noch eine Art Zahlungsmittel besitzen, welches einen unflexiblen Wert darstellt, der nicht mit den schwankenden Preisen fällt. Der Vorteil der Edelmetalle ist leider auch ihr Nachteil.

Nachdem Sie Gold oder Silber, vielleicht sogar beides, besitzen, endet hier auch die Geschichte Ihres Investments. Die Edelmetalle liegen im Depot oder in einem Tresor und warten auf Ihre nächste Entscheidung. Zwar haben Sie sich eine neue Form von Wert geschaffen. Doch arbeiten Gold und Silber nicht für Sie, während Immobilien oder Wertpapiere für Sie arbeiten können. Wenn ich davon spreche, dass Rohstoffe für Sie nicht arbeiten können, dann hat dies nichts mit dem eigentlich bekannten Begriff des Arbeitens zu tun. Geld, welches arbeitet, generiert weiteres Geld. Sie erhalten zum Beispiel durch arbeitendes Geld weitere Einkünfte. Dieser angenehme Nebeneffekt bleibt Ihnen bei Rohstoffen verwehrt. Das Investment ist also relativ unspektakulär, kann aber auch ein warmes Gefühl von Geborgenheit und Sicherheit auslösen. Ganz besonders in Zeiten, in denen die eigene Regierung oder ein regierendes Geflecht sich dafür entscheidet, immer noch mehr neue Scheine zu drucken. Wenn ich darüber nachdenke, was mit der EU, der EZB und Monsieur Draghi zurzeit geschieht, bin ich froh, dass ich verstehe, wie die Vermögenswerte der Klasse Rohstoffe funktionieren. Sie sollten das auch tun!

Gold ist Geld und nichts anderes.
John Pierpont Morgan

Form	Eigenschaft	Vorteil	Nachteil				
Liquidität	Zahlungsmittel gemessen am Wechselkurs	Zahlungsmittel für Güter jeder Art	Starke Abhängigkeit				
Aktien	Anteile eines Unternehmens oder einer Organisation	Dividenden	benötigt komplexes Verständnis				
Immobilien	Materieller Wert	Mieteinnahmen	Gesetzliche Restriktionen und hohe Kosten				
Rohstoffe	Materieller Wert	relativ unflexibel	kein Cashflow				

Auch wenn wir uns in diesem Zusammenhang auf Gold konzentrieren, sollten Sie andere Edelmetalle wie Silber oder Platin nicht aus den Augen verlieren. Besonders Silber ist aufgrund seines Preises und seiner Verwendung in diversen Industrieprodukten sehr interessant. Wirtschaftlich gesehen hat Silber einen großen Wert. In fast jedem Wirtschaftszweig wird Silber eingesetzt. Ob in der Medizin oder in der Industrie: Silber besitzt einen hohen Wert. Schauen wir uns hierfür einmal die Veränderung des Silberpreises an, um diesen Wert zu erkennen. Schauen wir uns einmal an, inwieweit sich der Silberpreis in den vergangenen Jahren verändert hat. Einen Vergleich finden Sie auf aktuellen Finanzseiten oder in der Presse. Wir erkennen dort, dass der Silberpreis exponentiell steigt. Einfach gesagt: Er schießt durch die Decke! Silber ist aus diesem Grund langfristig ein interessantes Investment. Obgleich natürlich in erster Linie Gold einen Wert besitzt, sollte man Silber nicht aus den Augen lassen. Vor allem da eine Feinunze Silber einen geringeren Preis hat als eine Feinunze Gold. Schauen wir uns einmal die Beweislage an. Wer den Preisanstieg von Gold und Silber in den vergangenen 30 bis 40 Jahren betrachtet, dem fallen fast die Augen aus. Die Steigerung des Silberpreises ist enorm, auch wenn der Kurs immer wieder Einbrüche erlebt. Wichtig ist, bei einem Investment in Rohstoffe, vor allem bei Metallen, die Frist des jeweiligen Investments zu beachten.

Wenn Sie sich einmal mit dem Goldpreis beschäftigen, fällt Ihnen genau das Gleiche auf. Sie erkennen, dass in Zeiten der Inflationsangst meist der Preis des Goldes steigt. Selbst zum Zeitpunkt der Ölkrise von 1981 stieg der Preis des Goldes leicht an. Vielleicht haben Sie schon einmal gehört, dass besonders in solchen Zeiten der Mensch in »wahre Werte« oder Sachwerte investiert. Je mehr ihre Finanzielle Intelligenz geschärft wird, desto mehr erkennen Sie, dass es sich dabei nur um eine andere Art von Vermögenswerten handelt. Wahr sind sie alle. Wenn Sie also heute im Radio hören, dass Sie bares Geld für Ihr altes Gold in dem Pfandhaus um die Ecke bekommen, rate ich Ihnen, zu Hause zu bleiben. Ihr Gold ist im Moment mehr wert als der Euro oder der Dollar. Vielleicht sogar mehr, als der Euro jemals wieder wert sein wird. Egal, welche Währung aktuell ist oder wo der Kurs hinläuft, ist es ratsam, ein gewisses Investment immer in Rohstoffen zu halten.

Mein Rat lautet: Legen Sie sich auf Dauer ein gewisses Maß an Gold und Silber zu. Ob Sie in diesem Fall eher auf Silber oder auf Gold vertrauen, spielt keine Rolle. Wenn Sie wollen, können Sie sogar in beide Edelmetalle investieren. Diese Vermögenswerte sind keine Werte für sogenannte Day Traders. Sie kaufen kein Gold am Montag und verkaufen es bereits wieder am Freitag, nur weil es im Wert gestiegen ist. Rohstoffe sind eine Wertanlage für die Zukunft. Sie halten diese, solange Sie nur können. Rohstoffe können Ihnen wirkliche Sicherheit bieten. Selbst wenn Sie das Gold oder Silber als eine Art Back-up benutzen sollten.

Rohstoffe sind mein persönlicher Liebling. Besonders für junge Menschen sind Rohstoffe besonders attraktiv, da sie bereits mit wenig Geld Silber oder Gold kaufen können. Zwar sind diese Investments wenig spannend oder aufregend, jedoch geben sie uns ein angenehmes Gefühl von Sicherheit. Wenn das Investment dann nach 30 Jahren seinen Wert verändert hat, schauen Sie mal, was mit dem Gold passiert ist. Wer heute im zarten Alter von 20 Jahren Gold oder Silber kauft, wird in 30 Jahren daran viel Freude haben.

Wenn Sie bisher gerne einen Notgroschen auf der hohen Kante hatten, dann sollten Sie diesem Groschen eine andere Form geben. Der Groschen, der einst nur liquide war, sollte eine nicht so sehr schwankende Form erhalten, damit er auch in der Zukunft seinen Wert behält. Denken Sie also einmal ernsthaft über den Kauf von Gold oder Silber nach. Selbst mit kleinem Geld können Sie bereits eine Unze erwerben. Falls ich Ihr Interesse geweckt haben sollte und Sie sich zum Kauf entschieden haben, so kaufen Sie in kleinen Einheiten. Warum? Ganz einfach: Kleine Einheiten lassen sich leichter wieder verkaufen als größere Einheiten. Nutzen Sie also Rohstoffe wie Gold oder Silber als Kapitalanlage und Sicherheit, während Ihre Liquidität wirklich als flüssige Mittel benutzt werden.

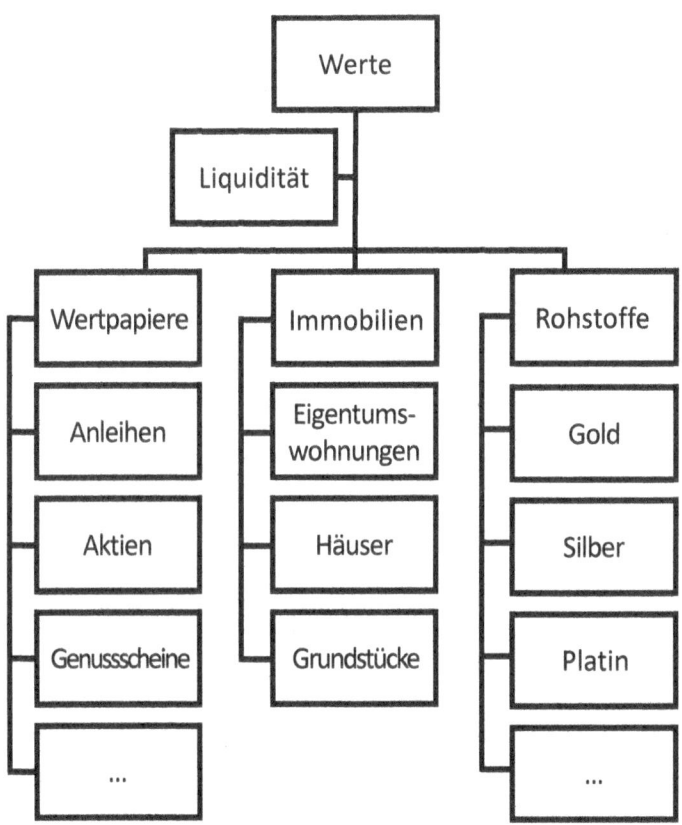

Unternehmen
Die Königsklasse aller Investments ist die der Unternehmen. Ein Unternehmen ist hochkomplex und erfordert nicht nur das Wissen, die Fähigkeiten und Anstrengungen eines Einzigen. Viele Menschen waren in der Vergangenheit notwendig, um große und erfolgreiche Unternehmen zu erschaffen. Mit der Erfindung des Internets und der Globalisierung internationaler Lieferketten ist das heute nicht mehr so. Unternehmen werden aufgebaut und funktionieren dann hoffentlich, solange wie möglich. Aber sie werden zu einem gewissen Zeitpunkt auch wieder verkauft. Der Unternehmer, der ein Unternehmen erfolgreich aufbaut und es dann wieder verkauft, macht wahrscheinlich damit das Geschäft seines Lebens. Im Übrigen ist das die einzige wirkliche Aufgabe eines Unternehmers. Alles andere ist die Aufgabe eines Geschäftsführers. Die Preise für ein Unternehmen liegen schon bei den kleineren Firmen in den Hunderttausenden. Wenn ein Unternehmen mehrere Millionen kostet, ist das kein Einzelfall. Heute sind besonders Start-up-Unternehmen, also Unternehmen die gerade entstanden sind, ein Investment wert. Noch nie sind Unternehmen in solch großer Zahl in so kurzer Zeit aus dem Boden geschossen, wie es heute der Fall ist. Während noch im 19. Jahrhundert eine Unternehmensgründung nur mit viel Geld und mit Fabriken als Produktionsstätten möglich war, können heute Unternehmen online gegründet werden. Selbst von einem Kinder- oder Gästezimmer aus lassen sie sich aufbauen. Aus diesem Grund gibt es immer mehr Kapitalgeber, die sich für Unternehmen interessieren. Da am Kapitalmarkt reichlich Liquidität vorhanden ist, ist die Finanzierung kein Problem mehr. Ob Sie also Investor sein und ein Unternehmen kaufen möchten oder ob Sie Unternehmer sind und Ihr Unternehmen verkaufen wollen: Beides kann sehr lohnenswert sein. Doch der ganze Spaß bringt auch seine Risiken und Herausforderungen mit sich.

Um ein Unternehmen zu kaufen, sollten Sie und ggf. der Partner, mit dem Sie arbeiten, ausgereifte Kenntnisse im Bereich der Betriebswirtschaft haben. Neben den theoretischen Kenntnissen helfen Kontakte in der Branche und zudem praktische Kenntnisse. Ohne diese Kenntnisse rate ich Ihnen davon ab, ein Unternehmen zu kaufen. Sie benötigen eine ganz neue Art von Wissen, um ein Unternehmen zu kaufen. Der Kauf, aber auch der Verkauf eines Unternehmens, kann zu einer heiklen Angelegenheit werden. In der Betriebswirtschaft gibt es für dieses hochkomplexe Unterfangen sogar einen extra Teilbereich, der sich »Mergers & Acquisitions« nennt. Der wahrscheinlich berühmteste Geschäftsmann, der Firmen aufkaufte und verkaufte, ist wohl Edward Lewis, gespielt von Richard Gere im weltbekannten Film *Pretty woman*. Ein Investment-Unternehmen dieser Art zählt für mich zu dem spannendsten von allen, nicht nur weil ein erstklassiger Film das Thema mit seinem Hauptdarsteller aufgreift. Beim Investment in Unternehmen kann man am meisten lernen, am meisten gewinnen und anderen Menschen am besten dienen.

Frisch von der Uni kommend begab ich mich schon vier Monate nach meinem Abschluss in die erste Verhandlung zum Kauf eines für mich ersichtlich unterbewerteten Unternehmens. Nichts ist so spannend, wie ein Unternehmen zu kaufen. Eine Aktie kaufen Sie innerhalb von Sekunden. Bis aber Bewertungen von Unternehmen abgeschlossen und Verträge unterschrieben sind, vergehen manchmal viele Monate.

Falls Sie jetzt denken, dass ich Ihnen empfehle, für viel Geld ein Unternehmen zu kaufen, dann irren Sie sich. In diesem Teil erhalten Sie lediglich einen Einblick in die verschiedenen Werte, die Sie für Ihre liquiden Mittel erhalten können. Falls Sie als Investor tätig werden, sollten Sie klein anfangen, bevor Sie sich gleich an ein ganzes Unternehmen wagen. Wenn Sie erst einmal ein prächtiges Portfolio besitzen, können Sie aber durchaus über den Kauf eines Unternehmens nachdenken. Sollten Sie mehr über das Thema der Vermögenswerte und Klassen erfahren wollen, ist vielleicht mein Webinar zu diesem Buch etwas für Sie. Dieses kostenfreie Webinar biete ich zusätzlich zu diesem Buch an. Sie können es auf meiner Webseite finden.

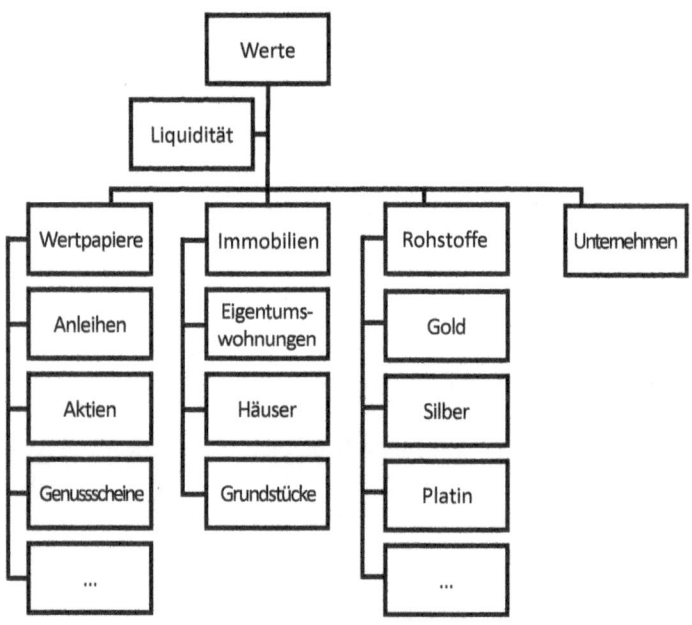

Das beste Investment für Sie ist jenes, für das Sie das größte Interesse hegen. Wenn Ihnen das Investment nicht gefällt und es Ihnen keinen Spaß bereitet, sollten Sie davon die Finger lassen. Beim Investieren, egal in welcher Form, geht es vordergründig um das Interesse und den Lerneffekt. Erst dann folgen Cashflow und andere Faktoren. Leidenschaft und Freude spielen bei jedem Investment eine zentrale Rolle. Ob Sie nun eine der fünf traditionellen Investmentmöglichkeiten wahrnehmen oder exotische Investments wie Oldtimer, Gitarren, teure Uhren oder Schmuck suchen, hängt am Ende nur von Ihrer Leidenschaft ab, die Sie für das betreffende Investment aufbringen. Wo auch immer Ihr Weg beginnt, gehen Sie mit Spaß an die Arbeit.

Sonstige Werte
Wenn es darum geht, neue Formen von Werten zu schaffen, werden Investoren äußerst kreativ. Die Kreativität spielt beim Investieren eine besonders große Rolle. Sie haben bereits die wohl bekanntesten Formen von Werten kennengelernt. Es gibt unzählige weitere Werte, in die ein Mensch investieren kann. Viele Investoren investieren ihre Liquidität in Dinge, die Ihnen selbst Spaß und Freude bereiten. Sie kaufen alte Autos, pflegen diese und lassen sie jahrelang in der Garage stehen. Oldtimer steigen im Wert, je älter und qualitativ hochwertiger sie sind. Einer meiner Mentoren kaufte sich beispielsweise einen Panzer, ein Original aus dem Jahre 1938. Es gibt so viele Möglichkeiten, Werte zu schaffen, dass ich sie gar nicht erst alle aufzählen kann. Ich kann Ihnen nun einige Geschichten erzählen, die verdeutlichen, welche Kreativität mitunter bei der Erschaffung neuer Werte waltet.

Durch meinen anderen Mentor kam ich an ein Hobby und gleichzeitig an eine neue Form von Vermögenswerten. Luxusuhren, wie Rolex oder Patek Philippe, sind unglaublich wertvoll und bei guter Pflege erhalten sie ihren Wert, wenn sie ihn nicht sogar steigern. Ich habe großen Spaß an Uhren und sammle wie mein Mentor diese Art von Werten als Hobby. Ein anderer Freund von mir investiert regelmäßig in seltene Erden. Der Preis für seltene Erden ist enorm hoch und die Wachstumsraten sind erstaunlich. Was selten ist, kann großen Wert haben.

Form	Eigenschaft	Vorteil	Nachteil
Liquidität	Zahlungsmittel gemessen am Wechselkurs	Zahlungsmittel für Güter jeder Art	Starke Abhängigkeit
Aktien	Anteile eines Unternehmens oder einer Organisation	Dividenden	benötigt komplexes Verständnis
Immobilien	Materieller Wert	Mieteinnahmen	Gesetzliche Restriktionen und hohe Kosten
Rohstoffe	Materieller Wert	relativ unflexibel	kein Cashflow
Unternehmen	Organisation	Cashflow Maschine	Sehr komplex

Ein anderes Beispiel sind Spielkarten aus den 90er-Jahren. Letztens hörte ich von einem Preisanstieg bei diesen Spielkarten von über 900 Prozent. Es gibt schier unendlich viele Möglichkeiten, Werte zu schaffen. Gemälde, Statuen, Weine oder antiker Schmuck können heute ebenso einen beträchtlichen Wert besitzen. Ich habe mir selbst vor einer ganzen Weile eine Gitarre gekauft, die nur wenige Male gebaut wurde. Ihr Wert stieg stetig, je älter sie wurde. Wenn Sie erst einmal solch einen Wert ergattert haben, hegen und pflegen Sie ihn bis zu dem Tag, an dem Sie ihn wieder verkaufen. Anders als bei Rohstoffen kann dieser Prozess Ihnen sogar viel Freude bereiten. Es macht riesigen Spaß, versteckte Werte aufzuspüren und damit zu handeln. Solche Werte sind besonders interessant für Liebhaber oder Privatanleger, die mit wenig Kapital starten wollen. Ein Freund der Familie beispielsweise sammelt Whisky. Er ist nicht nur ein wahrer Whiskyexperte sondern auch ein Sammler durch und durch. Seine Whiskysammlung ist von unschätzbarem Wert, sowohl materiell als auch emotional. Es erscheint an dieser Stelle daher besonders angebracht, Sie noch einmal zu fragen: Wann ist man wirklich reich? Sind Sie erst reich, wenn Sie Millionär sind? Dieser Freund sagte mir vor einer ganzen Weile einmal: »Selbst wenn es zu einer Hyperinflation kommen sollte, habe ich immer noch genug Whisky, um mir einen schönen Abend zu machen!« Es ist wahrlich eine Frage der Einstellung!

Sie haben nun gelernt, wie essenziell es ist, dass Sie Ihre Liquidität in andere Werte umwandeln. Um finanziell erfolgreich zu sein, sind Vermögenswerte unerlässlich. Es ist also nicht das Geld, das Sie zu Wohlstand führt. Es sind die Werte, versteckt in den diversen Möglichkeiten von Assets, in denen sich der Wohlstand und die Sicherheit verstecken.

Verbindlichkeiten

Vermögenswerte können ein wahrer Segen für Ihre finanzielle Zukunft sein. Leider aber haben die meisten Menschen das genaue Gegenteil dieses Segens schon kennengelernt. Das Gegenstück eines Vermögenswertes ist eine Verbindlichkeit. Sie erinnern sich: Vermögenswerte haben die Eigenschaft, Ihnen Geld in die Taschen zu stecken, während Verbindlichkeiten die Eigenschaft besitzen, Ihnen das Geld aus den Taschen zu ziehen. Verbindlichkeiten kosten Sie Liquidität, manchmal sogar Ihre Freiheit. Verbindlichkeiten können in vielen Formen auftreten.

Fixe Kosten

Die fixen Kosten sind die erste Form der Verbindlichkeiten. Um Ihnen gleich klar zu machen, was fixe Kosten sind, schauen Sie sich folgendes Beispiel an.

Sie lesen in der Zeitung, dass es einen neuen Vertrag Ihres Handyanbieters gibt. Ihr Vertrag ist längst nicht mehr so gut, wie er sein sollte. Es ist Zeit für einen neuen. Sie entscheiden sich dafür, Ihren alten Vertrag zu kündigen und den neuen, inserierten Vertrag beim Anbieter zu nehmen. Für diesen Vertrag fallen monatliche Kosten von 40 € an.

Verbindlichkeit in diesem Beispiel sind 40 €. Einfach gesagt sind diese 40 € nur Auszahlungen von Ihrem Konto. Diese Auszahlungen fallen jedoch monatlich an. Sie erhalten eine Leistung, für die Sie jeden Monat automatisch 40 € zahlen. Sie sind durch einen Vertrag verpflichtet worden, 40 € zu zahlen – und das auch noch jeden Monat. Vielleicht sind Sie sogar an eine Laufzeit gebunden, beispielsweise für zwei Jahre oder mehr. Die meisten Handyverträge in Europa laufen 24 Monate lang. Rechnen Sie sich einmal aus, was Sie für solch einen Vertrag zahlen würden, und das nur, damit Sie telefonieren und Kurznachrichten schreiben können. Sie zahlen 960 €!

Das Schlimme an einer Verbindlichkeit ist nicht der hohe Betrag, den Sie zahlen, sondern die Bindung, die Sie eingehen. Viele Menschen gehen in ihrem Leben so viele Verbindlichkeiten ein, dass sie eines Tages auf ihr Konto schauen und erkennen, dass sie nur dafür arbeiten, um jeden Monat die Rechnungen für ihre Verbindlichkeiten zu bezahlen. Diese Menschen sind tatsächlich gefangen. Sie müssen härter arbeiten, um über die Runden kommen. Ihr monatliches Gehalt geht fast ausschließlich für ihre Verbindlichkeiten drauf.

Fixe Kosten sind all diejenigen Kosten, die Sie verbindlich jeden Monat zahlen müssen. Wenn Sie also ein Produkt oder eine Leistung in Anspruch nehmen und hierfür monatliche Kosten anfallen, dann haben Sie es mit fixen Kosten zu tun.

Vor einer Weile musste mein Auto zur Reparatur. Der Mechaniker, der mir das Auto nach der Reparatur nach Hause brachte, erzählte mir, dass 90 Prozent aller verkauften Autos in der betreffenden Filiale auf Kredit gekauft werden. Er erzählte mir, dies sei kein Einzelfall. Fast jedes Autohaus verkaufe seine Autos über eine Finanzierung. Besonders junge Menschen, die gerade in das Berufsleben starten und ihr erstes Geld verdienen, binden sich für die nächsten Jahre, nur um ein schickes Auto fahren zu können. Das Auto ist wohl wahrlich das Statussymbol Nummer eins. »Die meisten Kunden müssen sogar die Reparaturen oder die Servicetermine finanzieren«, ergänzte er. Unglaublich! »Wie schnell sich Menschen für eine Verbindlichkeit wie das eines Autos in den finanziellen Ruin stürzen«, dachte ich bei mir. Dieses Verhalten kann ich bis heute nicht verstehen. Ich wünschte, diesen jungen Menschen wäre die Falle der fixen Kosten erklärt worden. Doch leider haben sie es in der Schule nie gelernt.

Variable Kosten
Die anderen Kosten sind die sogenannten variablen Kosten. Das sind all diejenigen Kosten, die nicht regelmäßig anfallen. Wie der Name es bereits verrät, sind sie variabel. Erstellen Sie noch heute einen Kostenplan und unterteilen Sie alle Ihre Kosten in variable und fixe Kosten! Was das bringen soll? Nun, Sie können dadurch einen Überblick erhalten, wie hoch das Verhältnis von variablen und fixen Kosten ist. Haben Sie beispielsweise 80 Prozent variable Kosten und 20 Prozent fixe Kosten, sehen Sie deutlich, dass die meisten Ihrer Kosten entstehen, indem Sie hier und da etwas Geld ausgeben. Ihre Bindung durch die fixen Kosten ist mit 20 Prozent relativ gering. Ist der Fall umgekehrt, sollten Sie schleunigst die Notbremse ziehen und sich Gedanken darüber machen, warum Sie sich vertraglich so sehr gebunden haben. Sie sollten dann prüfen, ob dies wirklich notwendig ist. Ich gebe Ihnen nun einen kurzen Denkanstoß mit auf die Reise: Ist es notwendig, 100 € im Monat für einen Fitnessstudio-Vertrag auszugeben?

Mit Geld haben Sie die Freiheit, viele wunderschöne Dinge zu tun. Doch fixe Kosten verhindern genau dies. Sie binden Sie und nehmen Ihnen Ihre Freiheit. Sie nehmen Ihnen die Freiheit wie im Beispiel eines meiner Bekannten.

Mein Bekannter ist Autoverkäufer bei Porsche. Er liebt seinen Job. Jeden Tag kann er bei seinen Lieblingsautos sein. Um seinen Traum zu verwirklichen, einmal einen Porsche zu besitzen, nahm er einen Kredit bei der Bank auf. Er kaufte sich von diesem Kredit den Porsche, den er sich immer gewünscht hatte. Er hatte sich seinen Lebenstraum erfüllt. Er tauschte jedoch dafür seine Freiheit ein. Ob das eine kluge Entscheidung war?

Es ist ganz natürlich, dass jeder Mensch im Leben fixe Kosten und damit Verbindlichkeiten eingeht. Die Frage ist nur, in welchem Maß Sie diese eingehen wollen. Wollen Sie Tag für Tag arbeiten, nur damit Sie Ihre Rechnungen bezahlen können? Ich denke, der Sinn Ihrer Arbeit sollte nicht darin liegen, Ihre Rechnungen bezahlen zu müssen. Sollte der Sinn nicht vordergründig darin bestehen, etwas zu schaffen und zu erreichen, Menschen zu helfen und Probleme zu lösen? Um fixe Kosten zu erkennen, müssen Sie darauf achten, ob im Preis beziehungsweise in der Vereinbarung monatliche Kosten enthalten sind. Zu viele fixe Kosten können das Ende einer finanziell erfolgreichen Zukunft für Sie bedeuten. Doch es gibt einen Dämon, der noch viel schlimmer für Sie sein kann, als der der fixen Kosten.

Finanzierungen
In fast allen Gesprächen, in denen das Wort Finanzen fällt, fällt auch das Wort »Finanzierung«. Die Finanzierung kann Sie für immer binden und Ihnen die finanzielle Freiheit bis an Ihr Lebensende rauben. Unwissenden Menschen, die ihre Zeit nicht dafür verwendet haben, sich finanziell zu bilden, passiert dies nur all zu häufig.

Ich werde Ihnen nun etwas erklären, was Ihnen kein Finanzberater oder Versicherungsberater jemals erklären wird und kann. Bei der Finanzierung kommt es darauf an, welche Art von Wert oder Konsumgut Sie finanzieren. Wenn Sie als Beispiel den großen Flachbildschirm vom Elektrohändler unbedingt in Ihr Wohnzimmer stellen wollen, dann sollten Sie ihn kaufen. Finanzieren Sie ihn nicht durch einen Kredit oder etwa durch die Finanzierung, die einige Einzelhändler oder Handelsketten anbieten. Hände weg von Finanzierungen bei Konsumgütern, Möbeln, Urlauben oder anderen Verbindlichkeiten. Die Menschen, die beginnen, ihre Konsumgüter zu finanzieren, finden sich schnell in der ewigen Schuldenfalle wieder. Wenn wir von Finanzierung sprechen, sprechen wir von einer Fremdfinanzierung. Sie zahlen also mit dem Geld eines anderen. Wenn Sie Konsumgüter kaufen, dann kaufen Sie diese am besten mit Ihrem eigenen Geld und nicht mit Geld, das Sie nicht selbst besitzen.

Vor einer Weile erzählte mir eine Bekannte stolz, dass sie ihren neuen Laptop endlich zugeschickt bekommen habe. Er war ausgesprochen teuer. Sie finanzierte ihn. Ich riet ihr davon ab, dennoch bestand sie darauf, diesen Laptop unbedingt haben zu müssen. Sie hätte darauf sparen können, anstatt ihn sofort zu kaufen. Die Finanzierung ist eine Falle für all die Menschen, die etwas sofort haben wollen und nicht darauf warten können. Ungeduldige Menschen sind große Freunde der Finanzierung. Ich bin selbst auch nicht gerade der geduldigste Mensch auf Erden. Aber die Konsumfinanzierung ist nichts für Menschen, die es zu einem Vermögen bringen wollen. Ein anderer Bekannter kaufte sich einen neuen Mercedes für viel Geld. Er finanzierte den kompletten Wagen und wird diesen Kredit noch abzahlen, wenn er das Auto schon längst nicht mehr besitzt. Er wird wegen solcher Unwissenheit und Ignoranz sein Leben lang für Verbindlichkeiten arbeiten. Ich hoffe sehr für ihn, dass er seine Fehler erkennt, bevor es zu spät ist.

Die Finanzierung ist eine Form fixer Kosten. Bisher haben wir von der Fremdfinanzierung für Konsumgüter gesprochen, wie dem Fernseher oder dem Auto. Jede Finanzierung eines Konsumgutes sollten Sie tunlichst vermeiden. Fangen Sie einmal damit an, ist es schwer, aus dieser Falle herauszukommen. Doch gibt es daneben eine andere Form der Finanzierung, die sehr intelligent sein kann. Die Fremdfinanzierung eines Vermögenswertes! Schauen wir uns einmal das folgende Beispiel an, um zu verstehen, warum die Fremdfinanzierung eines Vermögenswertes intelligent sein kann.

In unserem Beispiel kaufen Sie eine Wohnung für 100.000 €. Das Geld, das Sie für den Kauf verwendet haben, kommt von der Bank. Sie kaufen also die Eigentumswohnung mit dem Geld einer anderen Person. Ihr eigenes Geld bleibt unangetastet. Monatlich fallen dafür 900 € Zinszahlungen und Tilgung an. Die Mieteinnahmen, die Sie monatlich durch die Vermietung der Eigentumswohnung erhalten, betragen 1.200 €. In diesem Beispiel haben Sie eine kluge Investition getätigt. Sie haben sich einen Vermögenswert geschaffen. Unter dem Strich erhalten Sie genau 300 € bar in Ihre Tasche. Die 900 € zahlen Sie sofort an die Bank zurück. Der Mieter ist damit die Person, die Ihre Schulden bei der Bank zurückzahlt. Sie haben dafür obendrein noch einen Vermögenswert für Ihr Portfolio geschaffen und einen Cashflow von 300 € aufgebaut. Bitte beachten Sie aber, dass dies ein Rechenbeispiel ist. Eine Wohnung für 100.000 € mit einem Abtrag von 900 € und einem Mietpreis von 1.200 € ist mir selbst noch nicht begegnet. Unabhängig davon müssten Sie als Vermieter einer Immobilie weitere Kosten tragen. Dieses Rechenbeispiel soll Ihnen jedoch helfen, das Konzept der Fremdfinanzierung zu verstehen. Wenn Sie einen Vermögenswert fremdfinanzieren, sollten Sie sich immer fragen, welche Person Ihre Schulden zahlt. Falls Sie selbst diese Person sind, sollten Sie sich nach einem anderen Investment umsehen.

Die dritte Möglichkeit einer Finanzierung ist die Mischfinanzierung. Sie finanzieren sowohl durch Eigenkapital, also durch Ihr eigenes Geld, als auch durch Fremdkapital, das Geld einer anderen Person.

Denken Sie immer an den Grundsatz, keine Konsumgüter mit einem Kredit zu finanzieren. Falls Sie Schulden aufnehmen wollen, dann sollten Sie dies nur für ein Investment tun, bei dem die Rückzahlung von einer anderen Person getragen wird. Wir belasten hier nicht Ihren Banker, sondern die ganze Bank. Die Bank erhält eine Forderung, für Sie ist es eine Verbindlichkeit. Einfach ausgedrückt bedeutet dies, dass Ihre Bank Geld von Ihnen verlangen kann, während Sie aber einen Vermögenswert geschaffen haben. Sie tauschen also Liquidität in eine Immobilie um. Sie haben einen Ihrer Werte umgewandelt. Das Schöne an diesem Beispiel ist, dass Sie die Mieteinnahmen noch weiterhin kassieren, nachdem Sie alle Tilgungen für die Wohnung getätigt haben. Der Cashflow besteht fort, solange Sie das Investment halten. Sie haben des Weiteren einen Vermögenswert geschaffen, ohne auch nur einen einzigen Euro von Ihrem eigenen Geld dafür zu benutzen. Das ist sogar noch besser als bei Monopoly!

Vergessen Sie nicht, dass alles, was Sie kaufen und erwerben, entweder eine Verbindlichkeit oder einen Vermögenswert darstellt. Sie können sich sicherlich denken, wofür die Reichen und wofür die Armen ihr Geld ausgeben! Wohlhabende Menschen lieben Vermögenswerte, während arme Menschen Konsumgütern auf den Leim gehen. Auch wenn der Anfang und das erste Investment etwas Aufregendes ist, kann ich Ihnen nur empfehlen, diesen Schritt zu tätigen. Es ist eine spannende Erfahrung, die Ihr Leben bereichern kann. Vor allem aber werden Sie lernen, wie Sie Ihre finanzielle Zukunft sichern. Es macht riesigen Spaß, neue Möglichkeiten zu entdecken und kreativ zu werden, wenn es darum geht, ein Investment zu erwerben. Denn es erfordert eine ganze Menge Kreativität, etwas ohne Geld zu kaufen. Im Supermarkt um die Ecke können Sie ohne Geld nichts erwerben. Ein Investment allerdings kann von Ihnen gekauft werden, ohne dass Sie auch nur einen Cent dazu besteuern müssen. Mit einem solchen Portfolio werden Sie sich wohlfühlen. Selbst Unternehmen können ohne einen Cent Eigenkapital gekauft werden. Es gibt Dutzende von Strategien und Taktiken, ohne Geld viel Geld zu verdienen. Es ist und bleibt ein Mythos, dass man viel Geld braucht, um viel Geld zu verdienen. Die Ausrede der meisten Menschen, kein Geld zu besitzen, erweist sich als wenig glaubwürdig. Finanziell intelligente Menschen kennen diese Möglichkeiten und schöpfen deren Potenzial voll und ganz aus.

> *Wisse, was du besitzt und weshalb.*
> Peter Lynch

Kapitel 7:
Geld verstehen lernen (Teil 2)

*Das Schwierigste, was es in der Welt zu verstehen gilt,
ist die Einkommensteuer.*
Albert Einstein

Es kam einmal ein Sozialist zu einem Bauern. Der Sozialist sagte dem Bauern: »Bauer! Alle Hühner, die du hast, werden nun aufgeteilt, du musst einen Teil deiner Hühner an einen anderen Bauern abgeben und auf den Rest eine Steuer zahlen!« Der Bauer nickte lächelnd und willigte ein. Da sagte der Sozialist zum Bauer: »Bauer! Du wirst alle deine Kühe aufteilen und sie mit einem anderen Bauern teilen und auf den Rest eine Steuer zahlen!« Der Bauer nickte wieder lächelnd und willigte ein. Der Sozialist war erstaunt und wusste nicht ganz recht, wie ihm geschah. Der Sozialist sagte: »Bauer! Du wirst auch alle Eier von deinen Hühnern mit den anderen Bauern teilen!« Der Bauer schrie voller Zorn auf und brüllte den Sozialisten an. »Es ist eine Frechheit, so etwas zu verlangen.« Der Sozialist war nun noch erschrockener und fragte den Bauern, warum er so reagierte. Er habe doch gerade noch zugestanden, dass er seine Kühe und seine Hühner teilen wollte? Der Bauer entgegnete ihm, er besitze gar keine Hühner oder Kühe, habe jedoch eine Menge Eier auf seinem Hof.

Das Thema Steuern hat einen wirklich bitteren Beigeschmack, und keiner zahlt wirklich gerne Steuern. In der Presse liest man oft, dass Geld in Steueroasen geparkt werde. Diese Floskeln kommen meist von Journalisten, die bei Steuern selbst nicht vollends durchblicken und nicht im Ansatz verstehen, wie diese funktionieren. In diesem Kapitel werden wir uns unter anderem das Thema Steuern näher anschauen. Sie werden in Grundzügen lernen, wie die Besteuerung funktioniert und wie Sie Steuern sparen können. Schließlich wollen Sie finanziell intelligenter sein als diese Medienfritzen. In den westlichen Ländern dieser Erde liegen die Steuersätze meistens zwischen 15 Prozent und 52 Prozent. Menschen mit gutem Einkommen werden gut und gerne ein Drittel bis die Hälfte ihrer Einkünfte an den Staat los. Da stellt sich durchaus die Frage, warum man überhaupt arbeiten geht, wenn knapp die Hälfte der Zeit für den Staat drauf geht. In diesem Kontext möchte ich auf das Urteil des Bundesgerichtshofs von 1965 verweisen:

Wer die Pflicht hat, Steuern zu zahlen, hat das Recht, Steuern zu sparen!

Wenn Sie erst einmal zu Geld gekommen sind, wollen alle etwas von Ihrem Kuchen abhaben. Nicht nur das Finanzamt will etwas von Ihrem Geld haben. Jede nur erdenkliche Person will etwas von Ihrem hart verdienten Geld ergattern. Es stellt sich die Frage, vor wem Sie daher Ihr Vermögen am meisten schützen müssen, damit es nicht von ihnen weggerissen wird.

Nr.1: Banken
Zur Zeit der Finanzkrise hielten sich diverse Menschen die Hände vor die Augen, um das Unheil, das durch viele Banken auf dem Kapitalmarkt angerichtet wurde, nicht sehen zu müssen. Und auch heute sind die Banken noch weit davon entfernt, stabil und solide zu sein. Doch keine Panik! Wir werden nicht den kompletten Bankensektor analysieren. Wir

wollen lediglich ganz einfache Zusammenhänge darstellen, um sie verständlich zu machen.

Die Bank ist eine Institution, die Ihr Geld verwaltet und Ihnen dafür einen Zins anbietet. Sie legen beispielsweise 100 € auf ein Bankkonto und erhalten dafür einen bestimmten Zinssatz. Meistens sind die Zinsen leider so gering, dass Sie sie nur unter einem Mikroskop erkennen können. Dagegen sind die Überziehungszinsen, welche Sie zahlen müssen, falls Ihr Konto unbedacht ins Minus geraten ist, so groß, dass Sie das Mikroskop getrost zu Hause lassen können. Die Bank möchte schließlich an Ihnen Geld verdienen. So zahlen Sie der Bank beispielsweise Kontogebühren oder Zinsen für einen Kredit. Bitte kommen Sie nicht auf den Gedanken, eine Bank sei dumm, nur weil Ihr Bänker womöglich ein Trottel ist. Banken sind Experten im Bereich der Finanzen und verstehen es nur zu gut, Kapital aus Ihrem Geld zu schlagen. Jedes Mal, wenn ich in Frankfurt bin und an den großen Glaspalästen der Banken vorbeifahre, sehe ich, wo das Geld hinfließt.

Zu Zeiten meines Studiums, in der Vorlesung über das internationale Finanzwesen, sprach meine Professorin immer von der ersten goldenen Regel der Finanzen. Sie lautet: »Die Bank gewinnt immer!« Merken Sie sich diese Regel. Am Ende des Tages profitiert Ihre Bank immer von Ihnen. Entweder durch den Verkauf von unsinnigen Finanzprodukten oder durch laufende Kosten für Konten oder Depots oder durch die Sollzinsen, die Sie für Kredite aufbringen müssen. Die Bank ist nicht Ihr Freund, auch wenn Ihr Berater vielleicht ein netter Mensch ist. Die Bank hat nur ein Ziel, und das ist, an Ihnen zu verdienen.

Nr.2: Das Finanzamt
Das Finanzamt ist der verlängerte Arm des Staates. Es nimmt Ihnen bereits verdientes Geld, das Sie nur treuhänderisch für ihn aufbewahren, wieder weg. Sie würden sicherlich gerne

hören, dies sei eine Frechheit. Doch ich muss Sie enttäuschen. Das Finanzamt ist der kleinste Ganove unter den großen Drei. Für das Geld, das Sie dem Finanzamt als Steuer bezahlen, dürfen Sie öffentliche Güter wie Parks, Straßen oder Straßenlaternen benutzen. Das Geld wird also in *einigen* Fällen sinnvoll eingesetzt. Sie haben sogar das Privileg, Geld zu geben, damit es später von finanziell wenig intelligenten Politikern auf Bundes-, Landes- oder kommunaler Ebene für Unsinn ausgegeben wird. Die Steuer an sich ist ein ausgeklügeltes System, welches Sie weiter hinten in diesem Kapitel genauer kennen lernen werden.

Nr. 3: Die Versicherungsgesellschaften
Egal hinter welcher Werbung eine Versicherungsgesellschaft sich versteckt oder unter welchem Namen sie auftritt, Versicherungen sind und bleiben ein notwendiges Übel. Die Leistungen, die Sie durch Ihre Versicherungen erhalten, sind häufig lebensnotwendig und meist auch sinnvoll. Doch nehmen Sie sich in Acht vor jeder dieser Gesellschaften. Versicherungsgesellschaften verdienen Milliarden an ihren Versicherten und haben das gleiche Ziel, wie Banken es haben. Im System gibt es viel zu viele Versicherer. Die monströsen Beträge, die die Gesellschaften einnehmen, lassen sich jedoch kaum vermeiden. Oder könnten Sie etwa ruhig schlafen, wenn Sie keine Krankenversicherung hätten? Ich könnte es nicht; doch leider müssen viel zu viele Menschen auf diesem Planeten ohne diesen Versicherungsschutz auskommen. Da ich davon ausgehe, dass die meisten Leser dieses Buches genug über den üblichen Ärger mit den Versicherern wissen, werde ich nicht weiter darauf eingehen, um mir das wütend werden zu ersparen. Wir behalten vorerst im Hinterkopf, dass Versicherer gerne an Ihren Einnahmen partizipieren.

Hüten Sie sich vor Menschen, die Ihnen Finanzprodukte wie Lebensversicherungen oder geschlossene Fonds verkaufen wollen. Nutzen Sie Ihre Finanzielle Intelligenz, um Ganoven rechtzeitig entlarven zu können, bevor Sie in deren Falle treten. Ich möchte an dieser Stelle betonen, dass nicht alle Banker oder Versicherungsmenschen böse sind. Ich selbst wähle meine Berater sehr sorgfältig aus. Durch gute Vorbereitung sorge ich stets dafür, dass ich ein fundiertes Wissen zu den Themen habe, die ich mit diesen Beratern besprechen will. Finanzielle Intelligenz schützt in diesen Fällen auch Ihr Vermögen. Versuchen Sie einfach, in diesen Gesprächen der schlaueste Mensch unter allen Anwesenden zu sein. Das erspart Ihnen Ärger und Frust.

Die Person, vor der Sie Ihr Geld am besten schützen sollten, sind Sie selbst. Wir Menschen lieben es, unsere Wünsche sofort erfüllt zu sehen. Raten Sie einmal, warum so viele Menschen am liebsten Millionär wären? Weil sie glauben, sie könnten sich dann sofort alles kaufen, was sie wollen. Wir Menschen warten nur ungern. Wir wollen unsere Gier sofort befriedigen. Die Banken wissen dies. Und auch unsere Unsicherheit spielt ihnen in die Hände – und ebenso den Versicherungsgesellschaften, die daraus Kapital schlagen. Nicht umsonst bieten Kreditinstitute Konsumkredite an. Sie wollen den Bürger langfristig binden. Obwohl das Ständesystem des Mittelalters abgeschafft wurde, versteht sich der Mensch immer noch darauf, anderen Menschen seine Freiheit zu nehmen.

Und jetzt ist es Zeit, uns dem dritten großen Protagonisten zuzuwenden, der unsere Einkünfte regelmäßig beschneidet: das Finanzamt beziehungsweise der Staat.

Einkommensteuer
Alle Jahre kommt sie wieder: die Steuer. Wenn wir von der Steuer sprechen, meinen wir die sogenannte Einkommensteuer. Neben dem bekannten Einkommensteuergesetz existieren

weitere Steuergesetze, wie das Körperschaftssteuer- oder das Umsatzsteuergesetz. Wir betrachten in diesem Rahmen allerdings nur die Einkommensteuer, da sie die wichtigste Steuer für uns ist. Die Körperschaftssteuer, die für Gewerbebetriebe gilt, lassen wir außen vor.

Lassen Sie mich damit beginnen, das Einkommensteuergesetz so einfach, wie nur möglich, zu erklären. Ich kann gut verstehen, wenn das Einkommenssteuergesetz für den einen oder anderen völliges Neuland ist. Besonders für junge Leser mag es ein Mysterium sein, da wir schließlich in der Schule nie etwas über das Thema Steuern gelernt haben. Das Einkommensteuergesetz umfasst Begriffe wie die Bemessungsgrundlage oder die Besteuerung natürlicher Personen, Veranlagung und viele mehr. Da kann man schnell mal den Überblick verlieren. All diese Begriffe sind am Anfang ziemlich verwirrend. Doch lassen Sie uns diese in Reih und Glied aufstellen und sauber definieren, damit wir das Einkommensteuergesetz endlich transparent machen. Schließlich wollen wir die Vorteile des Einkommensteuergesetzes kennen und nutzen lernen.

Die Einkommensteuer wird von jedem Menschen, jeder sogenannten natürlichen Person gezahlt, die Einkünfte im Inland, in unserem Fall in Deutschland, bezieht. Unterschieden wird dabei zwischen der unbeschränkten Steuerpflicht und der beschränkten Steuerpflicht. Die Steuerpflicht regelt, wie der Name schon sagt, ob Sie überhaupt Steuern zahlen müssen. Wir lassen dies für den Moment so stehen und halten fest: Solange Sie in Deutschland leben und einen dauerhaften Wohnsitz haben, sind Sie auch automatisch unbeschränkt einkommensteuerpflichtig sind. Falls Sie Einkünfte aus Deutschland beziehen, aber nicht hier leben, gilt die beschränkte Steuerpflicht. Leben Sie beispielsweise in Spanien und erhalten Sie Einkünfte aus den USA oder Deutschland sind Sie automatisch beschränkt steuerpflichtig. Diese beschränkte Steuerpflicht gibt es vor allem wegen der Doppelbesteuerung. Da jedes Land etwas von dem Geld haben will, das Sie verdienen, regelt die beschränkte Steuerpflicht, welchem Land welcher Teil des Geldes zufällt. Damit nicht beide Länder jeweils 50 Prozent Ihres Geldes kriegen und Sie am Ende nichts bekommen, gibt es mit vielen Ländern sogenannte Doppelbesteuerungsabkommen. Die Unterscheidung zwischen beschränkter und unbeschränkter Steuerpflicht hilft uns zu verstehen, wer uns besteuert und wer die Steuer erhält.

Unbeschränkte Steuerpflicht = Welteinkommensprinzip

Beschränkte Steuerpflicht = Territorialprinzip

Bei der unbeschränkten Steuerpflicht ist die Rechtsfolge das Welteinkommensprinzip. Dies bedeutet, dass alle Ihre Einkünfte, die Sie auf der Welt beziehen, in Deutschland versteuert werden müssen. Sie sind somit steuerpflichtig, genauer gesagt unbeschränkt steuerpflichtig. Es ist hierbei unwichtig, ob die jeweiligen Einkünfte aus Hongkong, Russland, der Schweiz oder den USA stammen. Allen Einkünften, die Sie beziehen, liegt bei der Besteuerung das Welteinkommensprinzip, zugrunde, das auch Universalprinzip genannt wird. Das Finanzamt macht diesen Schritt als allererstes: Es prüft, ob Sie unbeschränkt oder beschränkt steuerpflichtig sind. Sie können somit herausfinden, ob die Einkünfte, welche Sie erzielen, überhaupt steuerpflichtig werden und ob Sie demnach überhaupt Steuern zahlen müssen. Sie müssen nämlich nicht, wie fälschlicherweise angenommen, auf jeden Cent, den Sie verdienen, eine Steuer zahlen. Bei der anderen Form der Steuerpflicht, der beschränkten Steuerpflicht, gilt das Territorialprinzip. Es besagt, dass nur die Einkünfte, die im Inland erfolgt sind, steuerpflichtig sind. So weit so gut. Ein weiterer Begriff der im Einkommensteuergesetz immer wieder auftritt, ist der Begriff der Bemessungsgrundlage. Dieser

Begriff beschreibt den zweiten Schritt, den das Finanzamt macht.

Die Bemessungsgrundlage ist der wichtigste Teil, den es im Bereich des Einkommensteuergesetzes zu verstehen gilt. Die Bemessungsgrundlage ist der Betrag, auf den Ihr Steuersatz erhoben wird. Die Bemessungsgrundlage ist demnach der Betrag, der mit der Einkommensteuer belastet wird. Einfach gesagt ist es der Betrag, den Sie versteuern müssen. Die Bemessungsgrundlage ist die Differenz aus allen Einnahmen und allen abzugsfähigen Ausgaben. Welche Ausgaben abzugsfähig sind, sollten Sie genauestens mit Ihrem Steuerberater abklären. Haben Sie erst einmal die Bemessungsgrundlage für das jeweilige Jahr errechnet, können Sie diese mit Ihrem Steuersatz multiplizieren. Sie erhalten die Steuerlast und somit auch den Betrag, den Sie an das Finanzamt zu zahlen haben. Es gibt Sonderregelungen, die für uns besonders interessant sind, um zu erkennen, wo genau sich steuerliche Vorteile erzielen lassen. Hier wird es interessant. Das Verständnis von Steuerpflicht und Bemessungsgrundlage ist zwar schön und gut, aber es sichert Ihnen noch keine steuerlichen Vorteile. Doch dahin wollen wir ja schließlich gelangen.

Zuerst einmal ist es, wie bereits erwähnt, sinnvoll, so viel von Ihren steuerpflichtigen Einkünften abzuziehen wie nur möglich. Klären Sie also unbedingt mit Ihrem Steuerberater, was für Sie im Rahmen der Bemessungsgrundlage abzugsfähig, ist und was nicht. Zu Ihrem Leidwesen muss ich Ihnen hier gleich sagen, dass ein Porsche nicht abzugsfähig ist.

Haben Sie schon einmal von der Abgeltungssteuer gehört? Wir haben bereits über Einkommen aus Kapitalvermögen gesprochen. Falls Sie sich nicht erinnern, so blättern Sie zurück zum vorigen Kapitel, wo die Rede von Aktien und anderen Wertpapiere war. Die Abgeltungssteuer ist eine Art Steuer-Flatrate, die es Ihnen ermöglicht, weniger Steuern zahlen zu müssen. Ich empfehle Ihnen nicht umsonst, ein zusätzliches Einkommen möglichst im Bereich des Kapitalvermögens zu generieren. Die Abgeltungssteuer ist eine Steuer, mit der Einkünfte aus dem Kapitalvermögen mit maximal 25 % versteuert werden müssen. Der Steuersatz von 25 % ist das Maximum, das Sie zahlen müssen, egal, ob Sie durch Ihr Kapitalvermögen 100.000 € oder 1.000.000 € verdienen. Keine Reichensteuer, keine Abzocke! Die Abgeltungssteuer ist Ihr Freund, und Sie sollten diese nutzen. Ich kann es Ihnen nicht häufig genug empfehlen, sich mit Wertpapieren zu beschäftigen. Sie können, egal wie groß Ihre Einkünfte sind, eine ganze Menge Steuern sparen. Genau hier kommt nun auch die Veranlagung ins Spiel.

Die Veranlagung beschreibt einen einzigen Zustand. Sind Sie verheiratet oder leben Sie alleine? Falls Sie verheiratet sind, erhalten Sie durch die sogenannte Zusammenveranlagung einen steuerlichen Vorteil, falls nicht, entfällt dieser. Da soll doch mal einer sagen, dass die Ehe nicht etwas Wunderbares sei!

Nehmen wir an, Sie beziehen 1.000 € an Dividenden aus den Aktien, die Sie besitzen. Sie sind Single und leben alleine. Wie groß ist die Bemessungsgrundlage für Ihre Einkünfte? Wenn Sie jetzt vorschnell sagen, es seien 1.000 € sind, muss ich Sie korrigieren. Es sind 199 €. Eine weitere Sonderregel, an der Sie sich erfreuen können, ist der Sparerpauschbetrag. Bei einer Einzelveranlagung, also wenn Sie Single sind, beträgt dieser 801 €. Bei der Zusammenveranlagung, wenn Sie verheiratet sind, beträgt dieser sogar 1.602 €, die nicht mit in die Bemessungsgrundlage einfließen. Durch den Sparerpauschbetrag sparen Sie noch einmal bares Geld. Einkünfte aus Kapitalvermögen können so schön sein! Wenn Sie jetzt glauben, dies sei ein Trick und wohl illegal, kann ich Ihnen versichern: Der Staat eröffnet Ihnen durch seine Gesetze absichtlich eine solche Steuersparmöglichkeit. Sie sehen also, dass der Wissende einen klaren Vorteil hat. Ich hoffe, dass Sie nun, falls Sie es noch nicht getan haben, verstehen wie wichtig Finanzielle Intelligenz ist. Wissen ist potenzielle Macht!

Der Staat motiviert Sie geradezu dazu, intelligent zu investieren. Er bietet Ihnen dafür Steuervorteile an und macht es möglich, ein größeres Vermögen anzuhäufen. All denjenigen, die glauben, dass investieren risikoreich sei, bleiben diese Vorteile verwehrt. Die – wie sie von den Medien genannt werden – bösen Reichen tauschen grundsätzlich ihre Liquidität gegen Wertpapiere ein, da sie wissen, welchen Vorteil sie dadurch steuerlich erhalten. Sie sollten es ihnen gleich tun!

Eine weitere Steuer, die Sie kennen sollten, ist die Umsatzsteuer. Als Verbraucher kennen Sie sie wahrscheinlich unter dem Namen »Mehrwertsteuer« oder auch liebevoll »Märchensteuer«. Im Moment beträgt die Umsatzsteuer in Deutschland 19 %. Die Umsatzsteuer ist ein laufender Posten, die Sie als natürliche Person zahlen müssen. Falls Sie jedoch die Steuerlehre aus einer anderen Perspektive, zum Beispiel aus der Warte eines Unternehmens, betrachten, müssen Sie sich außerhalb dieses Buches noch mit der Körperschaftssteuer beschäftigen. Kurz angemerkt gibt es dann aber auch die Möglichkeit, sich die gezahlte Umsatzsteuer wieder vom Finanzamt erstatten zu lassen. Unternehmen beziehungsweise Gewerbebetriebe haben einen mächtigen Steuervorteil, den die Erfolgreichen unter ihnen auch ausspielen. Auch als Nicht-Unternehmer erhalten Sie steuerliche Vorteile. Für Unternehmer sind diese jedoch weitaus größer. Der Staat belohnt einen Menschen dafür, dass er Arbeitsplätze schafft und Güter oder Dienstleistungen am Markt anbietet. Er belohnt ihn durch steuerliche Vorteile. Während Nicht-Selbstständige Geld verdienen, darauf Steuern zahlen und es dann ausgeben, können Selbstständige und Gewerbetreibende Geld verdienen, es ausgeben und erst dann Steuern zahlen. Ich gebe Ihnen also den Rat, nicht immer mit dem Zeigefinger auf den

Staat zu zeigen, wenn es darum geht, einen Sündenbock für die Probleme zu finden. Nicht alles ist falsch, was der Staat so macht. Sie selbst sind verantwortlich für Ihre finanzielle Gegenwart und Zukunft – und nicht der Staat. Vergessen Sie das nicht!

Doch kommen wir zurück zum Thema Steuern. Was wir auf den letzten paar Seiten grob angesprochen haben, sollten Sie dringend mit Ihrem Steuerberater diskutieren. Wir haben dieses Thema wahrlich nur angeschnitten. Sie sollten in diesem Kapitel lediglich einen kurzen Blick auf Ihre Möglichkeiten werfen. Der Sparerpauschbetrag und die Abgeltungssteuer sollte Ihnen ein Begriff sein, wenn Sie große Steuerzahlungen an das Finanzamt unterbinden wollen. Der Staat bietet Ihnen an, Steuern zu sparen. Er kann Sie allerdings nicht dazu zwingen. Sie müssen selbst anfangen, das Wissen zu erwerben, sich finanziell zu bilden und daraufhin das erworbene Wissen anzuwenden.

Für jede Art von Einkommen brauchen Sie einen Schutz. Schauen Sie sich an, welche Arten von Einkünften Sie erzielen können. Steuerlich gibt es folgende Einkunftsarten:

1. Einkünfte aus Forst/Landwirtschaft

2. Einkünfte aus Gewerbebetrieb

3. Einkünfte aus selbstständiger Arbeit

4. Einkünfte aus nicht selbständiger Arbeit

5. Einkünfte aus Kapitalvermögen

6. Einkünfte aus Vermietung und Verpachtung

7. Sonstige Einkünfte

Jede Einkunftsart hat ihre eigenen steuerlichen Vorzüge. Besonders interessant sind die ersten drei Einkunftsarten. Sie werden auch die Gewinneinkünfte genannt. Die Besteuerung dieser Einkunftsarten unterliegt der sogenannten Reinvermögenszugangstheorie. Dies bedeutet, dass der Gewinn, der mit einem Betriebsvermögensvergleich (Bilanzen, GuV-Rechnung) ermittelt wird, besteuert wird. Der Gewinn ist also ein Ergebnis aus zwei Größen, Einnahmen minus Ausgaben. Gewinn ist also keine Tüte voller Geld. Unternehmen haben die Möglichkeit, eine Gewinngröße zu bestimmen. Die Gewinnermittlung unterliegt allerdings steuerlichen Regeln. Der Fiskus möchte natürlich vermeiden, dass man ihm Geld vorenthält. Sie mögen nun vielleicht das Bild eines Konzerns vor sich haben und sich fragen, was das mit Ihnen zu tun hat. Nicht nur große Unternehmen werden auf Grundlage ihres Gewinns besteuert. Selbstständige und Freiberufler weisen ebenfalls den Gewinn eines Jahres aus. Die Art der Gewinnermittlung kann neben der Bilanzierung auch über eine Einnahmen-Überschuss-Rechnung erfolgen. Bei dieser Rechnung gilt das Zufluss- und Abflussprinzip. Dies hat nichts mit einem Heizungsinstallateur zu tun, sondern es geht nur um die Eingänge und Ausgänge Ihrer liquiden Mittel. Wir halten also fest, dass Menschen, welche Einkünfte aus den Bereichen der Gewinneinkunftsarten erhalten, andere steuerliche Vorteile besitzen, als jene Menschen, die Einkünfte aus den übrigen vier Kategorien, Überschusseinkunftsarten, erzielen.

Die zweite Gruppe von Einkunftsarten umfasst also besagte Überschusseinkünfte. Diese Einkünfte (Nummer 4 bis 7 in der oben stehenden Aufzählung) werden nach den Vorschriften der Quellentheorie besteuert. Hierfür wird nur die sogenannte Fruchtziehung besteuert. Hier geht es nicht um den Gewinn, und die Besteuerung bietet auch keinen so attraktiven Spielraum. Bei der Fruchtziehung geht es lediglich um alle Eingänge von liquiden Mitteln, die der Besteuerung unterliegen. Der Spielraum ist wesentlich geringer, doch lässt der Fiskus durchaus Möglichkeiten offen, auch hier Steuern zu sparen. Erinnern Sie sich an die Abgeltungssteuer oder den Sparerpauschbetrag? All diese Möglichkeiten haben Sie bei den Einkünften aus Kapitalvermögen. Jede Einkunftsart hat ihre Vorteile wie auch ihre Nachteile. Fest steht jedoch, dass Einkünfte aus Gewerbebetrieb oder aus selbstständiger Arbeit besonders attraktive Steuervorteile bieten.

Während der wohlhabendere Teil der Mittelschicht und besonders die Oberschicht diese Vorteile gern nutzt und damit viel Geld spart, tappt die Unterschicht in die Falle. Sie meckern dann meist laut und glauben den Aussagen der Medien, die Reichen würden ihr Geld ins Ausland verfrachten, um es der Steuer zu entziehen. Dass dies völliger Unsinn ist, sollten Sie bereits erkannt haben.

Knapp 3 von den 80 Millionen Menschen in der Bundesrepublik Deutschland haben Einkünfte aus Kapitalvermögen, so eine aktuelle Statistik des Statistischen Bundesamtes. Allen anderen Menschen, die keine Einkünfte aus Kapitelvermögen erzielen, bleiben die genannten Steuervorteile verwehrt.

Da Sie nun einen Einblick in das Thema der Steuer erhalten und die verschiedenen Einkunftsarten kennen gelernt haben, stellt sich die Frage, wie sich die Einkunftsarten noch unterscheiden lassen. Hier der wichtigste Ansatz.

Aktives Einkommen und passives Einkommen
Alle sieben Einkunftsarten sind einer von zwei unterschiedlichen Formen zuzuordnen. Die eine Form der Einkunftserzielung kann Sie reich machen, während die andere Sie gefangen halten kann. Diese Aussage mag etwas hart sein und vielleicht sogar übertrieben erscheinen, doch möchte ich Sie dafür sensibilisieren, wie wichtig es ist, Einkünfte in beiderlei Formen

aufzubauen. Keine der beiden Formen ist ausschließlich gut oder böse. Ihr Einsatz macht den Unterschied.

Das aktive Einkommen ist jenes Einkommen, das Sie aus allen beruflichen Tätigkeiten erhalten. Das heißt, für ein aktives Einkommen arbeiten Sie eine gewisse Zeit für einen gewissen Lohn. Falls Sie zum Beispiel angestellt sind und einen Monatslohn erhalten, so beziehen Sie aktives Einkommen. Leider besteht in unserer Gesellschaft die Ansicht, dass man für Geld arbeiten muss und somit sind Sie gezwungen, Ihre Arbeit gegen ein Gehalt zu tauschen. Wenn Sie diese Theorie allerdings einmal hinterfragen, fällt Ihnen auf, dass Sie nicht Ihre Arbeit, sondern Ihre Zeit gegen Geld eintauschen. Eine der Variablen in dieser Gleichung ist falsch. Da es also nicht die Zeit sein kann, muss es das Geld sein. Mein Rat lautet also nicht, mit der aktiven Arbeit aufzuhören, Vielmehr sollten Sie anfangen, Ihre Arbeit gegen Spaß und Freude zu tauschen. Vergessen Sie nicht, dass Sie arbeiten sollten, um Probleme zu lösen, anderen Menschen zu helfen und um etwas zu bewegen, nicht aber, um viel Geld zu verdienen. Geld sollten Sie für Ihre Leistungen erhalten, nicht aber für die Zeit, die Sie mit Ihrer Arbeit verbringen.

Besonders den jungen Lesern unter Ihnen empfehle ich, sich den Job nicht ausschließlich nach der Frage auszusuchen, ob er Ihnen das beste Startgehalt bietet. Besser ist es doch, in einem Beruf anzufangen, in dem Sie am meisten lernen. Als ich Unternehmer wurde, verdiente ich wesentlich weniger Geld als Freunde von mir, die einen festen Job annahmen und ein hohes Gehalt bekamen. Ich wollte lernen, andere wollten nur Geld verdienen. Heute ist es genau anders herum. Heute werde ich gefragt, was ich gelernt habe, und meine Freunde wollen heute das verdienen, was ich verdiene.

Erinnern Sie sich daran, dass man Ihnen Geld wegnehmen kann? Die Fähigkeit und das Wissen, es aber wieder zu verdienen, bleibt Ihnen ein Leben lang. Wenn Sie einen Beruf ausüben, der Ihnen ein hohes Gehalt einbringt, Sie aber traurig und zornig macht, dann sollten Sie vielleicht einmal hinterfragen, ob diese Tätigkeit für Sie die richtige ist. Ein Beruf sollte Ihnen an erster Stelle Spaß machen und Sie erfüllen. Das Gehalt kommt erst an der zweiten oder dritten Stelle. Darüber hinaus wird es Ihnen wesentlich leichter fallen, Geld in einem Bereich zu verdienen, der Ihnen Spaß macht. Was Ihnen keine Freude bereitet und Sie nicht mit Leidenschaft erfüllt, das sollten Sie bleiben lassen.

Die wesentlich attraktivere Form ist die zweite Form des Einkommens. Um viel Geld zu verdienen, benötigen Sie diese zweite Form des Einkommens. Das passive Einkommen ist die Form des Einkommens, die Ihnen wahren Wohlstand bringen kann. Das passive Einkommen besitzt nur einen einzigen Zweck. Es dient dazu, Cashflow zu generieren. Cashflow ist das Gegenstück zu allen fixen Kosten, die Sie bereits kennen gelernt haben. Cashflow ist, anders als fixe Kosten, die für einen monatlich Geldabfluss sorgen, dafür da, Ihnen monatlich Geld in die Tasche zu stecken. Da es passives Einkommen ist, fließt es Ihnen aus den verschiedenen Werten zu, die Sie bereits kennengelernt haben. Diese Werte können Sie sich in der folgenden Abbildung noch einmal genauer ansehen. Wichtig ist vor allem zu verstehen, dass erst ein Investment in die passenden Werte ein passives Einkommen ermöglicht, einen Cashflow generiert und Ihnen dadurch die Möglichkeit gibt, finanziell frei zu werden und, wenn Sie es wünschen, auch finanziell erfolgreich.

Wir fügen nun eine entscheidende Eigenschaft den Werten zu, denen Sie besonderes Interesse schenken sollten. Lassen Sie diese Eigenschaft niemals aus den Augen! Sie ist dafür viel zu wichtig. Den erfolgreichen Investor interessiert bei egal welcher Art von Wert vor allem die eine entscheidende Sache: Wie hoch ist der Cashflow-Anteil am Investment und in welcher Form fließt es auf mein Konto? Welche Art von Cashflow kann Ihnen also zufließen?

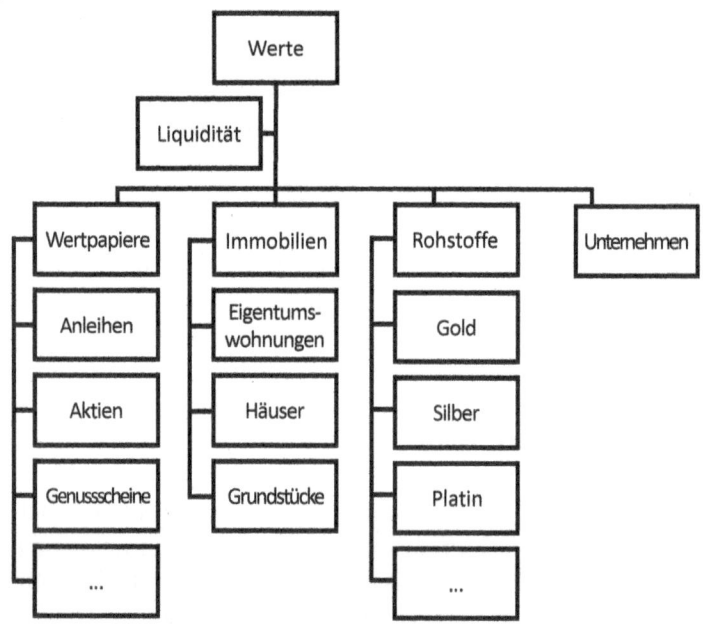

Aktien, Immobilien und Unternehmen sind die beliebtesten Werte, die Cashflow garantieren. Je intelligenter Sie mit Ihren Finanzen und Werten werden, umso weniger werden Sie sich der Notwendigkeit entziehen können, sich mit Cashflow zu beschäftigen. Sie können mir vertrauen, wenn ich Ihnen sage, dass Sie dies später nicht werden missen wollen. Schauen wir uns an, durch welche Werte welche Art von Cashflow zu Ihnen fließen kann:

Aktien → Dividendenzahlungen
Immobilien → Miete
Unternehmen → Gewinnausschüttungen

Cashflow kann in vielen verschiedenen Formen auftreten. Sie können Cashflow erzielen, indem Sie eine Wohnung oder ein Haus vermieten. Durch Aktien haben Sie ebenfalls die Möglichkeit, Cashflow zu generieren. Die wichtigste Möglichkeit aber, um von einem stetigen Cashflow zu profitieren, ist die Beteiligung an einem Unternehmen. Eine Aktie ist im Prinzip ebenfalls eine unternehmerische Beteiligung, doch wenn ich von Unternehmen spreche, spreche ich von einer beherrschenden oder mehrheitlichen Form der Beteiligung. Falls Sie also ein Unternehmen gekauft haben, es leiten oder einer der Gesellschafter sind, so können Sie große Cashflow-Zahlungen aus genau diesem Unternehmen erhalten. In der Mittelschicht hingegen, aber auch in Teilen der Oberschicht, ist es besonders beliebt, Wohnungen oder Häuser zu vermieten. Die Kenntnisse, die Sie für passives Einkommen aus dem Bereich der Immobilien benötigen, sind bei weitem nicht so komplex wie die für passive Einkünfte aus einem Unternehmen. Entscheiden Sie sich also selbst, welche Form des passiven Einkommens am besten zu Ihnen passt. Falls Sie sich dem permanenten Lernen verpflichten, können Sie sich sogar dafür entscheiden, mehrere passive Einkunftsquellen zu erschaffen. Falls Sie alle drei Formen eines passiven Einkommens in Anspruch nehmen und nach einer weiteren Einkommensart suchen, sollten Sie anfangen, kreativ zu werden. Tantiemen sind eine weitere Möglichkeit, um Cashflow zu generieren. Ob Sie Bücher schreiben und einen jährlichen Scheck für verkaufte Bücher erhalten oder ob Sie CDs mit Ihrer Musik verkaufen: Tantiemen sind und bleiben eine gute Wahl für eine vierte Form von Cashflow. Cashflow ist der absolute Liebling bei Investoren und Unternehmern. Machen auch Sie Cashflow zu Ihrem Liebling. Wenn Sie sich darum kümmern, werden Sie auch davon profitieren. Während viele Menschen, und ganz besonders junge Menschen, gerne dem Geld hinterherjagen, sollten Sie lieber Möglichkeiten verfolgen, Cashflow aufzubauen. Nur Cashflow und damit passives Einkommen kann Sie langfristig frei machen.

Finanzielle Intelligenz

Viele Haushalte arbeiten hart und viel. Sie arbeiten, damit sie Ihre Rechnungen bezahlen können. Mit dem übrig gebliebenen Geld versuchen Sie dann, Anschaffungen zu tätigen, die sie benötigen. Um all ihre Zahlungen zu stemmen, benutzen die meisten Haushalte ihr aktives Einkommen. Doch genau hier liegt der Fehler. Der durchschnittliche Mensch zahlt Versicherungsprämien, das Auto, die Hypothek und sogar alle Bildungskosten vom aktiven Einkommen. Meist versucht er dann noch zu sparen. Doch wie Sie bereits gelernt haben, haben wir alle nur 24 Stunden am Tag Zeit, um Geld aktiv zu verdienen. Die Kosten können steigen, doch das aktive Einkommen kennt eine natürliche Grenze. In den meisten Fällen liegt genau hier der Engpass. Die nächste Abbildung verdeutlicht dies. Schauen Sie selbst, auf welche Quelle des Einkommens in aller Regel zurückgegriffen wird.

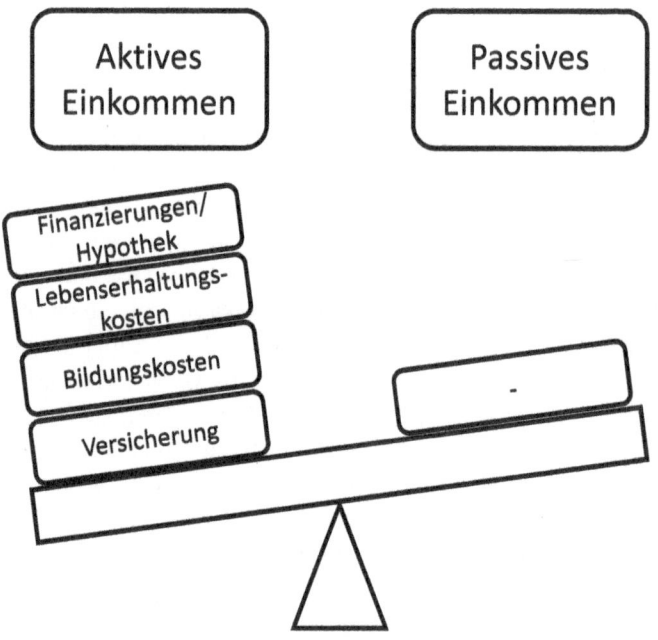

Sie erkennen, dass die Seite des aktiven Einkommens für alle Kosten hinhalten muss. Das hartverdiente Geld ist wahrlich am Ende des Monats meistens weg. Viel schlimmer noch ist, dass alle weiteren Monate genauso aussehen. Eine Person, die alle Kosten durch ihr aktives Einkommen trägt, verliert ihre Freiheit. Sie ist gefangen. Diese Person arbeitet nur noch, um alle Kosten zu decken. Ein passives Einkommen hat besagte Person erst gar nicht aufgebaut, das für weitere Kosten herhalten könnte. Meist führt ein solches Verhalten sogar noch einen Schritt weiter, in den Abgrund. Die Person sitzt in der Schuldenfalle, weil sie mit ihrem aktiven Einkommen ihre hohen Fixkosten und ihre Konsumkredite nicht mehr stemmen kann. Game over! Anstatt sich fixe Kosten wie eine Klette ans Bein zu heften, tun Sie gut daran, Cashflow aufzubauen, um ein passives Einkommen zu erhalten. Dieses passive Einkommen kann dann für Sie alle monatlichen Kosten decken. Ihre Freiheit ist somit gesichert. Ihr aktives Einkommen kann dann weiterhin dafür sorgen, weiteres passives Einkommen zu generieren. Dieser Prozess kann dann solange weitergehen, bis Sie ein derart großes passives Einkommen haben, dass damit all Ihre Ausgaben gedeckt sind. Ihr aktives Einkommen wird also nicht mehr benötigt. Sie können getrost in Rente gehen, wenn es Ihnen danach beliebt.

Es klingt fast zu einfach, um wahr zu sein. Ich möchte Ihnen jedoch nichts vormachen. Ein passives Einkommen aufzubauen, bedeutet, sich Wissen anzueignen, permanent nach neuen Kenntnissen Ausschau zu halten und – zumindest anfangs – auf den großen Konsum zu verzichten. Anstatt zu konsumieren, investieren Sie.

Ein guter Freund tat genau dies. Er baute direkt, nachdem er die Schule beendet hatte, sein passives Einkommen auf. Während seine Schulfreunde topbezahlte Berufe suchten, um sich davon große Fernseher, üppig ausgestattete Wohnungen oder teure Autos zu leisten, kaufte er sich eine Mietwohnung. Er begann mit einer Ein-Zimmer-Wohnung, welche er für damals 450 DM vermietete. Heute besitzt er 46 solcher Wohnungen. Sie sind über die Zeit alle etwas größer geworden. Heute vermietet er Drei- oder Vier-Zimmer-Wohnungen für sehr viel Geld. Er konnte so mit gerade mal 44 Jahren in den Ruhestand gehen. Seine ehemaligen Schulfreunde hingegen zahlen heute noch den Kredit für ihren Sportwagen ab.

Es ist schwierig, dem Konsum zu widerstehen. Immer neue Features und Spielsachen erscheinen am Markt. Ich empfehle Ihnen durchaus, sich diese Dinge auch zu kaufen. Schließlich lebt man nur einmal. Kaufen Sie sich diese Dinge, aber nur von Ihrem passiven und nicht etwa von Ihrem aktiven Einkommen. Ihr aktives Einkommen ist dazu da, Ihr passives Einkommen zu stützen. Das bedeutet, dass Sie zu Anfang recht sparsam leben müssen, vielleicht sogar unter Ihrem anvisierten Lebensstandard. Dies fällt anfangs besonders schwer und erfordert eine hohe Ausdauer. Ich kenne das Gefühl selbst nur zu gut. Ich weiß, wie es ist, wenn andere sich die neusten Mobiltelefone kaufen und man selbst seine Mittel ausschließlich darauf verwendet, andere Formen von Werten zu schaffen, die einem Cashflow erzeugen. Doch der Verzicht führt früher oder später zu wahrer Freiheit. Der kurzfristige Konsum und das Vergnügen, dem Sie zunächst entsagen, wird in Zukunft umso üppiger ausfallen, ohne dass Sie sich dafür verschulden müssten. Der Spruch, »Wer zuletzt lacht, lacht am besten«, passt hier sehr gut.

Der Spruch, dass man heute lebe und nie sicher sein könne, ob es ein Morgen geben werde, wird nur von den Menschen getätigt, die sich ihre mangelnde Ausdauer nicht eingestehen wollen. Das Leben kann zwar in Einzelfällen sehr kurz sein, ich weiß das nur zu gut, doch beweisen Sie Ausdauer. Es wird sich lohnen. Selbst wenn Sie es nicht wissen, ob die Sonne am nächsten Morgen wieder für Sie aufgeht, so können Sie dennoch für die Menschen, die nach Ihnen kommen, etwa für Ihre Kinder, passives Einkommen generieren. Eines Tages können dann Ihre Kinder von Ihrer Finanziellen Intelligenz lernen und auf eine gesicherte Zukunft blicken.

Die einzige sichere Form, die Sie anstreben sollten, ist die des passiven Einkommens. Eine sichere Rente, wie der Bürger so gerne sagt, ist alles andere als sicher. Schauen Sie nur auf die vergangenen Jahre zurück und erkennen Sie, wie sehr sich die Renten der Menschen verändert haben. Vor allem aber erkennen Sie, wie sich die Preise der Güter am Markt verändert haben und wie viel man für das bisschen, was sich noch Rente nennt, von ihnen kaufen kann. Soll das bisschen, was sich Rente nennt, etwa ein Trostpflaster sein, für all die Jahre harter Arbeit?

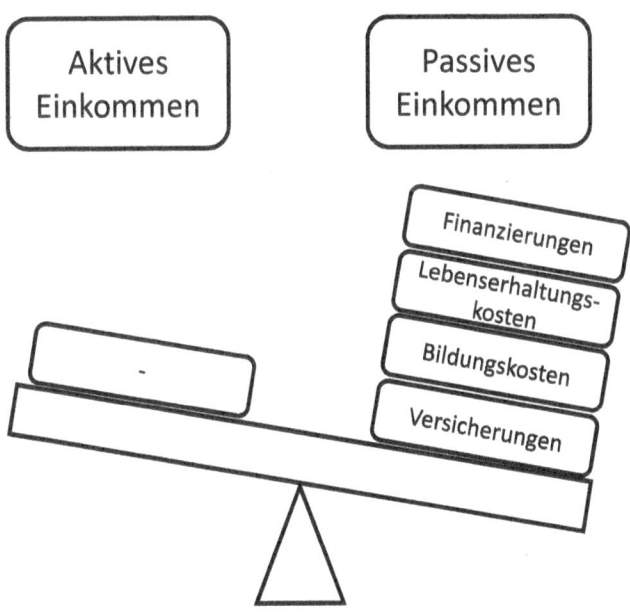

Ich gebe Ihnen den Rat, sich nicht auf den Staat oder jemand anderen zu verlassen, wenn es um die Sicherheit und Sicherung Ihrer eigenen Finanzen geht. Sie allein haben die Aufgabe, dies in die Hand zu nehmen. Es wird niemand für Sie Gesetze erlassen, die Sie direkt bevorzugen oder Ihnen bis an Ihr Lebensende Geld schenken. Sie aber haben ein ganzes Leben lang Zeit, eine finanziell erfolgreiche Zukunft für sich und Ihre Liebsten aufzubauen. Ihre Kinder werden es Ihnen gleichtun. Sie werden von ihrer Finanziellen Intelligenz lernen. Die Abbildung auf Seite 135 zeigt Ihnen, was Sie erreichen sollten.

Die Kosten, die Sie jeden Monat tragen müssen, sollten von Ihrem passiven Einkommen getragen werden. Nur das kann Ihnen wahre Sicherheit geben. Wenn Sie erst einmal diese Sicherheit gewonnen haben, können Sie auch getrost das Geschwätz der Medien und der Politik über finanzielle Sicherheiten vergessen. Sie allein sind dafür verantwortlich, Ihre Finanzen vor sich und vor anderen zu schützen. Ich weiß, dass die verschiedensten politischen Parteien oft mit Versprechungen locken, dass die Reichen mehr besteuert werden sollen und die Unterschicht neue Rechte bekommen soll, doch meist bleibt es bei diesen Versprechungen. Es wird, wie Sie bereits gelernt haben, immer Reiche und Arme geben. Egal welche Steuern oder Gesetze neu auf die Oberschicht zukommen, werden Sie immer Vorteile haben, und die sollten Sie auch nutzen! Es ist keine Frage der Schicht. Wir sind und bleiben nur Menschen, egal in welcher Schicht wir leben. Kein Mensch ist besser oder mehr wert als ein anderer Mensch. Ihr Wissen macht den Unterschied und vor allem der Einsatz dieses Wissens.

Es ist töricht, vorschnell Entscheidungen und Urteile zu fällen, wenn Sie nur ein geringes Wissen über die Materie besitzen. Erinnern Sie sich immer daran, dass Sie Ihr Geld meist vor Ihren eigenen Entscheidungen schützen müssen. Das gilt sowohl für emotionale als auch für rationale Entscheidungen. Eine unkluge Entscheidung kann Sie finanziell schnell zurück in die Steinzeit bringen.

In der nächsten Stufe beginnen wir damit zu budgetieren. Wir schauen uns an, wo Geld zufließt und wo es abfließt. Wir erstellen eine Art Cashflow-Rechnung für den einfachen Menschen. Während wir Eingänge und Ausgänge von liquiden Mitteln betrachten, schauen wir uns an, wofür diese Eingänge und Ausgänge tatsächlich stehen. Sie werden somit in der Lage sein, Entscheidungen besser zu durchdenken und den wahren Wert, der einst im Nebel verborgen lag, zu identifizieren und zu beziffern. Es wird Zeit, dass Sie beginnen zu lernen, wie Millionäre budgetieren. Darin liegt das Geheimnis, wie Geld verwaltet werden sollte. Ahmen Sie diese Strategien auch mit wenig Geld nach, dann können Sie aus einem kleinen Vermögen in wenigen Jahren ein gewaltiges Vermögen machen. Das ist nicht nur ein Versprechen, sondern pure Erfahrung.

> *Täten wir alle Dinge, zu denen wir fähig sind,*
> *würden wir uns im wahrsten Sinne des Wortes*
> *selber erstaunen.*
> Thomas A. Edison

Kapitel 8: Budgetieren wie ein Millionär

Wir haben eigentlich unser Budget nicht überschritten.
Die Budgetierung war einfach tiefer als unsere Ausgaben.
Keith Davis

Ein amerikanischer Politiker sagte einmal bei einer Diskussion zum schwierigen Thema Schusswaffengebrauch bei privaten Personen und Haushalten: »Schusswaffen sind weder gut noch böse.« Ähnlich ist das mit dem Budgetieren. Das Budgetieren ist eine Art Waffe, die Sie einsetzen können. Wenn Sie sie falsch einschätzen, kann sie Unheil anrichten, wenn Sie diese jedoch richtig einsetzen, kann sie große Sicherheit und vor allem Freiheit bringen.

Das Budgetieren ist ein weiterer Begriff, der in der Betriebswirtschaftslehre ganz speziell definiert ist. Er beschreibt das Planen von liquiden Mitteln. Besonders aber geht es um die Planung von Einzahlungen und Auszahlungen, die in einem bestimmten Zeitraum anfallen. Man spricht hier von der sogenannten Periode. Die Periode ist in unserem Fall ein einzelner Monat. Für uns reicht diese Betrachtungsweise völlig aus. Für das Budgetieren gibt es viele verschiedene Techniken. Für unsere Zwecke eignet sich das Jar-System oder auch, wie ich es nenne, Kastensystem. Dieses hat nichts mit dem indischen

Kastenwesen zu tun. Dieses Jar-System ist komplett auf die Bedürfnisse des Menschen abgestimmt und findet keinerlei Verwendung bei Unternehmen, anderen Gesellschaften oder Organisationen. Es bleibt somit für den Anwender kinderleicht zu verstehen. Trotz seiner Einfachheit verliert das Jar-System nichts an Effizienz. Das Jar-System wird gerne von wohlhabenden Menschen überall auf dem Globus genutzt. Ich selbst habe es von einem Selfmade-Millionär erlernt und nutze es seit Jahren mit gigantischem Erfolg.

Das Jar-System oder auch Kastensystem ist eine Aufteilung Ihrer Liquidität. Sie teilen Ihr gesamtes monatliches Nettoeinkommen auf verschiedene Kästen oder Behälter auf. Das geschieht natürlich nur im übertragenden Sinne. Es bedeutet nicht, dass Sie zur Bank rennen und verschiedene Konten eröffnen oder gar Behälter kaufen müssten, in denen Sie zu Hause Ihr Geld bunkern. Es reicht bereits, wenn Sie sich jeden Monat eine Darstellung erstellen, ob mithilfe des Computers oder mit einem Zettel und Stift. Diese Darstellung zeigt Ihnen genau, wie weit jeder Kasten mit liquiden Mitteln gefüllt ist. Beachten Sie aber dabei, dass Sie nur Nettobeträge in Ihr Budget eintragen, da Sie nicht mit Geld rechnen sollten, das eigentlich schon jemand anderem gehört. Auch wenn Sie das Geld vorerst selbst verdient haben, führen Sie es später an das Finanzamt ab. Sie verwalten das Geld ja nur treuhänderisch für das Finanzamt. Das Budget ist allerdings kein Werkzeug welches 1-€-Stücke auf verschiedene Konten verteilt, damit es nach mehr aussieht. Es gibt zwar Menschen, die das System so verstehen. Aber die Wahrheit liegt weit entfernt von dieser Betrachtungsweise.

Insgesamt besitzt das Jar-System sechs solcher Kästen oder Konten. Alle sechs Konten decken alle Kosten des Lebens ab. Sie sind so eingerichtet, dass sie Ihr Ziel unterstützen, passives Einkommen aufzubauen. Das System unterstützt somit Ihren Weg zu wahrer Sicherheit. Ebenfalls ist das System so eingerichtet, dass es Ihr Geld automatisch vervielfacht und dass Sie dennoch genug Geld haben, um Ihre täglichen Ausgaben zu decken. Wichtig ist bei diesem System nur, dass Sie es regelmäßig überwachen und es sich zur Gewohnheit machen, Ihr Budget zu verwalten. Das Ziel dieses Systems besteht darin, jedem Euro ihres Geldes eine Aufgabe zuzuweisen. Jeder Euro muss einen Job, eine Aufgabe, eine Tätigkeit haben und besitzen. Wofür soll der Euro oder der Dollar sonst in Ihrem Konto bestehen? Soll er da einfach nur so versauern und ohne Aufgabe sein langweiliges Dasein fristen? Nein! Ihr Geld muss an die Arbeit gehen und mehr Geld für Sie verdienen.

Alles, was die Sozialisten vom Geld verstehen,
ist die Tatsache, dass sie es von anderen haben wollen.
Konrad Adenauer

1. Das Konto für Notwendigkeiten

Notwendiges 55%	-
-	-
-	-

Das erste Konto ist das Konto für Notwendiges. Insgesamt werden 55 Prozent Ihrer Einkünfte auf das Konto für Notwendiges eingezahlt. Das Konto für Notwendiges ist daher auch mit Abstand das größte Konto von allen. Dies bedeutet aber nicht, dass es das wichtigste wäre.

Was aber ist notwendig? Alle Einkäufe und Anschaffungen, die Sie tätigen, damit Sie überleben können, entfallen auf das Konto für Notwendiges. Ihre Nahrungsmittel, Ihre Versicherungen, Ihre Eigenheim-Hypothek oder Ihre Miete gehören zum Konto des Notwendigen. Wenn Sie jeden Tag mit dem Auto zur Arbeit fahren müssen, so gehört auch dieses dazu. Das trifft aber nur zu, wenn Sie das Auto unbedingt brauchen. Wenn es reiner Luxus ist, mit dem Auto morgens zur Arbeit zu fahren, fällt es nicht in den Bereich für Notwendiges hinein. Dinge, wie ein neuer Fernseher, oder der Luxus, eine Putzfrau zu beschäftigen, gehören nicht in den Bereich des Notwendigen. Sie können sicher ohne einen Fernseher überleben, auch wenn die Bundesregierung Deutschland das bei Sozialfällen anders sieht. Sie könnten sich zwar zum Beispiel sagen, dass Sie den Fernseher für Nachrichten brauchen und diese notwendig sind, doch in diesem Fall bitte ich Sie, sich nicht selbst zu belügen. Eine andere Zeitung als die Bildzeitung wird es am Morgen auch tun. Halten wir fest, dass das Konto für Notwendiges ein Konto für Überlebensnotwendiges ist. Was brauchen Sie unbedingt? Nahrungsmittel und eine Versicherung gehören ganz eindeutig dazu. Die neue Spielekonsole für Ihren Sohn allerdings nicht.

55 % Ihres Nettoeinkommens, egal ob aktiv oder passiv, fließen auf dieses Konto. Wichtig ist, darauf zu achten, dass alle Zahlungen auf die betreffenden Konten fließen, nachdem Sie die Steuer von Ihrem Bruttogehalt abgezogen haben. Achten Sie auch bei diesem Konto besonders darauf, dass es

Nettobeträge sind, die auf das Konto fließen. Ehrlich währt am längsten.

2. Das Konto für langfristige Ersparnisse
Das zweite Konto ist das Konto für langfristige Ersparnisse. Dieses Konto dient nur einem einzigen Zweck. Sie wollen durch das Geld, welches auf diesem Konto liegt, nur solche Dinge kaufen, für die Sie eine lange Zeit gespart haben. Nicht mehr und nicht weniger.

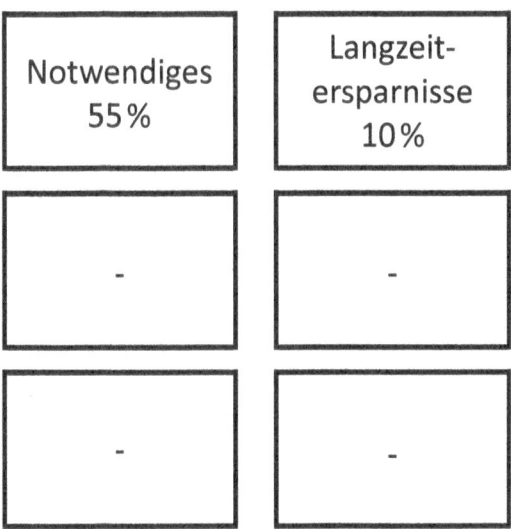

Genau 10 Prozent Ihres Nettoeinkommens verwenden Sie dafür, sich das zu leisten, was Sie kurzfristig nicht kaufen können. Entscheiden Sie, wofür Sie langfristig sparen wollen. Wie bei allen vorherigen und kommenden Konten ist es besonders wichtig, dass Sie das Bargeld aus diesem Konto nur dann entnehmen, wenn es für die Anschaffung ausreicht, für die Sie gespart haben. Anstatt viel Geld zu behalten und unter dem Existenzniveau zu leben, sparen Sie nur 10 Prozent Ihres

Nettoeinkommens. Es wird Sie selbst in extremen Situationen, wie der Geldentwertung, nicht kümmern, dass Sie Ihre Ersparnisse verlieren. Es sind ja gerade mal 10 Prozent, während viele andere Haushalte so viel Barvermögen ansparen, wie nur irgend möglich.

Zu Sparen ist ein gut gemeinter Ratschlag Ihrer Eltern oder vielleicht sogar Großeltern. Doch wie Sie bereits gelernt haben, haben sich die Regeln des Geldes verändert. Wer zu viel spart, der verliert.

3. Das Konto für die Bildung
Was wäre Ihre Finanzielle Intelligenz nur ohne ein Konto für Bildungsmaßnahmen? Bildung ist ein wesentlicher Bestandteil Ihrer Finanziellen Intelligenz. Damit Sie diese permanent hochhalten und sich neues Wissen aneignen können, gibt es ein drittes Konto für alle Ihre Bildungskosten. Dieses Konto ist sehr wichtig, wenn es darum geht, Ihre finanzielle Zukunft zu sichern. Jeder verdiente Cent ist auf ein fundiertes finanzielles Wissen zurückzuführen.

Auf dieses Konto fließen 10 Prozent Ihres Nettoeinkommens. Der Sinn und Zweck dieses Kontos ist es, Wissen zu kaufen. Dieses Wissen können Sie sich durch Bücher, Seminare, Schulungen, ein Studium oder durch verschiedene Kurse aneignen. All diese Ausgaben fließen von Ihrem Konto für Bildungskosten ab. Falls Sie einmal knapp bei Kasse sein sollten, fassen Sie dieses Konto nicht für einen anderen Zweck an, als für den, für den es bestimmt. Sie wollen nicht Ihre Lebenshaltungskosten vor Ihrer Bildung bezahlen. Das Prinzip ist also relativ einfach. Sie wollen sich als erstes bezahlen, bevor Sie andere Menschen oder Institutionen bezahlen. Denken Sie daran, dass es kein besseres Investment gibt als Ihre eigene Bildung. Sie können immer etwas Neues dazu lernen. Geld kann man Ihnen wegnehmen, doch das Wissen bleibt.

Das Wissen, in das Sie investieren, muss nicht unbedingt finanzieller Natur sein. Falls Sie sich einen Platz in einem Kurs für eine bestimmte Sprache sichern wollen, so ist Ihr Bildungskonto hierfür genau das Richtige. Jede Art von Wissen kann Ihnen helfen.

Notwendiges 55%	Langzeit-ersparnisse 10%
Bildung 10%	-
-	-

4. Das Konto für passives Einkommen
Passives Einkommen spielt eine wesentliche Rolle. Es ist der Grundstein für langfristigen Wohlstand und Freiheit. Da wir dem passiven Einkommen eine solch große Bedeutung beimessen, verdient es auch ein eigenes Konto. Auf das Konto für unser passives Einkommen fließen ebenfalls 10 Prozent unseres Nettoeinkommens. Dieses Geld ist nur dafür da, künftig für Sie zu arbeiten. Ganz richtig, Sie wollen, dass dieses Geld für Sie arbeitet. Von diesem Geld kaufen Sie sich nur Investments, welche Ihr passives Einkommen vergrößern. Je mehr Ihr passives Einkommen anwächst, desto größer wird Ihr Nettovermögen und damit auch das Konto für passives

Einkommen. Man könnte fast behaupten, dass sich dieses Konto, wenn es erst einmal angefangen hat zu arbeiten, ganz von alleine ernährt. Dieses System läuft ganz und gar autark und zunehmend automatisiert. Das Konto für passives Einkommen, das auch das Investment-Konto genannt wird, ist mit Abstand das wichtigste Konto, da es das Überleben der anderen Konten garantiert. Durch das Bezahlen der Lebenshaltungskosten, durch geringfügiges Sparen, durch das Investieren in die eigene Bildung und nun durch ein Investment in andere Werte, erlaubt das System es Ihnen, finanziell durchzustarten. Bereits nach 90 Tagen können Sie eine deutliche Veränderung Ihres Budgets erleben. Halten Sie dabei alle finanziellen Vorgänge schriftlich fest. Überlegen Sie nur erst einmal, was für Veränderungen Sie innerhalb von zwölf Monaten erreichen könnten!

Finanziell erfolgreiche Menschen wissen, dass ihr Geld für sie arbeiten muss, anstatt dass sie permanent auf einem Stundenlohn beharren müssen und sich das Geld selbst erarbeiten müssen. Die Frage, die Sie sich stellen sollten, ist einfach: »Wollen Sie für Ihr Geld arbeiten, oder soll Ihr Geld für Sie arbeiten?« Die Antwort ist, denke ich, klar. Auch die Ausrede, dass Sie nicht genug Geld haben, um zu investieren, zieht hier nicht mehr.

Kapitel 8: Budgetieren wie ein Millionär

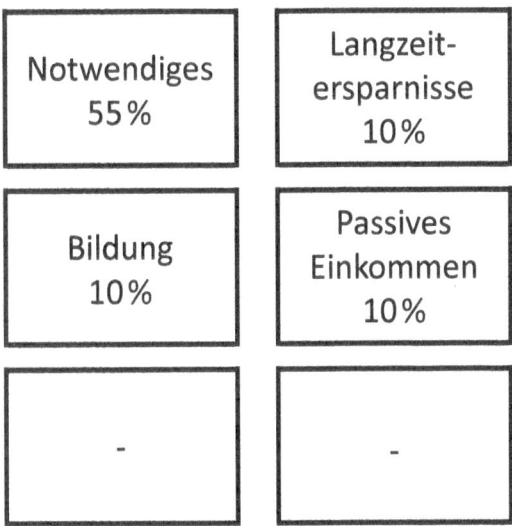

Sie erhalten von mir die Erlaubnis, für Ihr Konto des passiven Einkommens sogar das Konto für Langzeitersparnisse zu kürzen. Dies dürfen Sie allerdings nur dann tun, wenn Sie merken, dass Ihr Konto für Langzeitersparnisse zu groß ist oder dass Sie keine künftigen Einkäufe tätigen wollen. Sogar Ihr Notwendigkeitskonto dürfen Sie anrühren, um Geld auf das passive Einkommenskonto zu transferieren. Dies darf allerdings auch nur dann geschehen, wenn Sie genug Liquidität auf diesem besitzen. Das Konto für passives Einkommen ist sehr wichtig für Sie. Es ist das einzige Konto, das Sie aus zwei anderen Konten füttern dürfen. Alle anderen bleiben unangetastet. Halten Sie sich erst einmal an diese banalen Regeln, so werden Sie schnell merken, wie Ihr Geld anfängt, für Sie zu arbeiten, anstatt dass Sie für Ihr Geld arbeiten müssen.

5. Das Spaß-Konto

Bisher haben wir auf vier Konten das getan, was notwendig war. Wir haben gespart, investiert und unser Überleben gesichert. Doch bisher hatten wir kaum Spaß. Damit Sie verstehen, wie obligat es ist, dass Ihnen dieser Prozess des Lernens und des Budgetierens Spaß macht, gibt es ein fünftes Konto. Es zielt ausschließlich darauf ab, Ihnen Spaß zu bereiten. Für dieses Konto gibt es ebenfalls eine einfache Regel: Sie müssen das Konto jeden Monat vollkommen leeren. Sie müssen alles ausgeben. Hauen Sie es auf den Kopf! Haben Sie Spaß dabei!

10 Prozent Ihres Nettoeinkommens gehen auf dieses Konto. Diese 10 Prozent müssen am Ende des Monats weg sein. Wenn Sie sich eine Massage davon gönnen wollen, weil Ihnen das Spaß macht, oder wenn Sie sich für ein Wochenende einen Sportwagen mieten wollen, weil Ihnen das Spaß macht, so bezahlen Sie diesen Spaß von Ihrem Spaß-Konto. Das Spaß-Konto ist das einzige Konto, das Sie wirklich strapazieren dürfen. Wenn Sie mit einer Kreditkarte auf dieses Konto zugreifen, wollen, dann achten Sie darauf, dass es bei dem Betrag Null gesperrt wird und Sie ab dann keinen weiteren Cent mehr ausgeben können. Wir wollen schließlich verhindern, dass Ihnen der Spaß Schulden bringt. Diese Regel gilt im Übrigen für alle Konten.

Mein Banker hasst es, wenn er und ich wieder einmal in einem Gespräch sitzen. Er beißt sich an mir die Zähne aus, da ich weder auf seine Bankprodukte angewiesen bin, noch einen Dispokredit brauche. Warum auch? Ich habe dieses System, das ohne Schulden wunderbar funktioniert. Auch für Sie kann es so funktionieren.

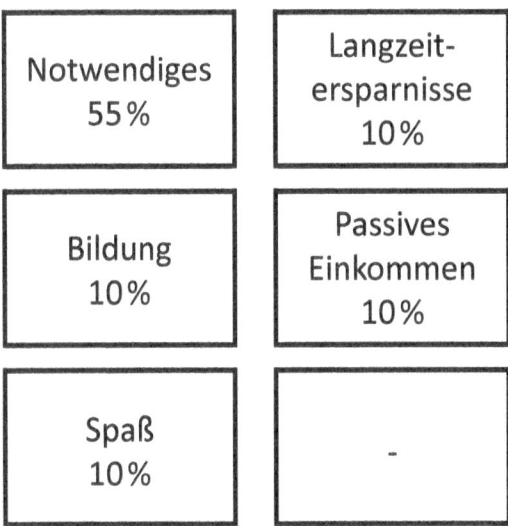

Sie werden merken, dass es Ihnen Freude bereitet, ein solches Konto zu besitzen. Sie machen sich am Ende jeden Monats aufs Neue Gedanken, was Sie tun könnten, um das Geld loszuwerden. Sie werden anfangen müssen, kreativ zu werden. Je mehr passives Einkommen Sie generieren, desto größer werden auch alle anderen Konten. Stellen Sie sich vor, dass Ihr Spaß-Konto so groß ist, dass Sie gar nicht wissen, was Sie tun können, um das ganze Geld auszugeben. Ein Helikopterflug zum Beispiel würde nicht ausreichen. Sie müssen dann anfangen, auf größere Dinge umzuschwenken. Eine Kreuzfahrt vielleicht. Tun Sie das, was Ihnen Spaß macht. Sie wollen schließlich den Prozess des Lernens und die Früchte Ihrer Finanziellen Intelligenz auch genießen.

6. Das Spenden-Konto
Es gibt einen psychologischen Effekt, den das Geld auf Sie ausüben kann, den wir unbedingt ausnutzen wollen. Dieser Effekt ist dem Menschen schon seit Jahrhunderten, sogar seit Jahrtausenden, bekannt.

Bittet so wird euch gegeben werden;
suchet, so werdet ihr finden;
klopfet an, so wird euch aufgetan werden.
Matthäus 7,7, Bibel

Wenn Sie spenden und Ihr Geld für einen Zweck hergeben, der Ihnen am Herzen liegt, können Sie ein Teil eines Ganzen sein, welches sich zur Aufgabe gemacht hat, etwas in dieser Welt zu verändern. Sie müssen dafür nicht der große Samariter sein. Falls Sie eine Stiftung unterstützen wollen, wie zum Beispiel für krebskranke Kinder, dann ist dieses Konto genau das Richtige dafür. Ich unterstütze selbst den Verein »Kleine Patienten in Not e. V.«, welcher sich zur Aufgabe gemacht hat, Kindern in schweren Situationen durch einen Teddybär Trost zu schenken. Denn wer liebt einen Teddybär nicht? Vielleicht wollen Sie auch Kindern Trost schenken, indem Sie einen Teddy stiften.

Für welchen Zweck Sie sich aber auch entscheiden, beachten Sie vor allem Ihr Gefühl dabei, wie es ist, anderen Menschen zu helfen. Es ist unverzichtbar, dass Sie sich beim Spenden gut fühlen. Geben Sie nicht aus einer Laune heraus, sondern aus Liebe und Dankbarkeit. Sie erklären durch diese großzügige Tat Ihrem Unterbewusstsein, dass Sie mehr als genug Geld haben und genau aus diesem Grund helfen können. Damit Ihnen diese Hilfe am Anfang nicht weh tut, beläuft sich das Volumen Ihres Spenden-Kontos auf lediglich 5 Prozent Ihres Nettoeinkommens.

Kapitel 8: Budgetieren wie ein Millionär

Sie haben nun alle Konten kennen gelernt und das Wissen für erfolgreiches Budgetieren erworben. Es kann natürlich sein, dass Sie gerne mehr als 5 Prozent Ihres Nettoeinkommens spenden möchten. Vielleicht aber möchten Sie auch einen größeren Prozentsatz für Ihr passives Einkommen nutzen. Die Prozentsätze für Ihre Konten sind extra in diesem Ausmaß für Sie gewählt worden. Wenn Sie sie jedoch an Ihr eigenes Leben anpassen möchten, können Sie dies unter der Beachtung einer einzigen Regel tun. Alle Prozente, die Sie von einem anderen Konto nehmen, um es einem anderen Konto zu geben, dürfen Sie nur von Ihrem Konto für Notwendigkeiten entnehmen. Alle anderen Konten dürfen nicht verringert werden. Sie haben also die Möglichkeit, Ihr Konto für Notwendiges auf 50 Prozent herunterzuschrauben, um das Konto für passives Einkommen auf 15 Prozent zu erhöhen. Dies ist eine kluge Möglichkeit, um Ihr Konto für passives Einkommen aufzufüllen, wenn Sie ohne Probleme mit 50 Prozent Ihres Nettoeinkommens für Notwendiges auskommen. Doch bitte erinnern Sie sich daran: Wenn schwierige Zeiten auf Sie zukommen, sollten Sie nicht andere Konten anfassen, um Notlagen zu überbrücken. Wenn Sie damit erst einmal anfangen, ist das Budgetieren für Sie zwecklos geworden. Es gibt Regeln, und diese sind nicht ohne Grund fix. Halten Sie diese Regeln strengstens ein, wenn Sie von einer rosigen finanziellen Zukunft träumen.

Damit Sie erfolgreich budgetieren können, müssen Sie nicht nur wissen, welcher Werkzeuge Sie sich bedienen müssen, sondern auch, welcher Werkzeuge Sie sich entledigen müssen. Eines dieser falschen Hilfsmittel ist die Kreditkarte. Ich habe schon Menschen getroffen, die ihre Kreditkarte zerschnitten haben und sagten, dass sie böse sei. Wenn Sie einer der Menschen sind, die vorschnell ihre Kreditkarte zücken, sollten Sie vielleicht diesen Rat befolgen und sie durchschneiden. Eine Kreditkarte kann das Ende Ihrer finanziellen Freiheit bedeuten.

Sie kaufen ein und bezahlen per Kreditkarte. Sie geben eine Karte am Schalter ab und erhalten dafür Ihre Einkäufe. Sie sehen aber nicht, wie das Geld von Ihrem Konto verschwindet. Sie nehmen es durch keinen Ihrer Sinne war. Raten Sie einmal, warum sich Kreditkartennutzer am Ende des Monats immer fragen, wo das Geld geblieben ist? Ich gebe Ihnen den Rat, immer bar zu bezahlen. Sie können auf diese Weise sehen, welches Geld durch Ihre Hände geht und was Sie jeweils für dieses Geld bekommen. Erinnern Sie sich daran, was Sie bereits gelernt haben? Es geht um das Tauschgeschäft. Sie könnten nichts eintauschen, wenn Sie nichts zu geben hätten. Wollen Sie nicht wissen, was Ihnen genommen wird, wenn Sie tauschen? Wenn Sie also Ihr Budget planen, planen Sie am besten mit einem Soll- und Ist-Betrag. Dies bedeutet, dass Sie planen, was Sie vermutlich ausgeben werden und was Sie wirklich ausgegeben haben. Planung und Kontrolle!

Vor einer Weile kam ich ins Gespräch mit einem ehemaligen Kommilitonen, mit dem ich gleichzeitig mein Studium begann. Wir gingen zusammen einen Happen essen, und als die Kellnerin kam und wir bezahlen wollten, lud er mich ein und zückte seine schwarze Kreditkarte. Sein Lächeln ging bis über beide Ohren. Er erzählte mir stolz, dass er jetzt eine schwarze Kreditkarte habe und alles kaufen könne, egal, was es koste. Ich bestand darauf mein Essen selbst zu bezahlen. Ich bin mir sicher, dass er das Geld mit dieser Einstellung in Zukunft noch dringend brauchen wird. Mein ehemaliger Kommilitone ist in eine Falle getappt, die er nicht erkennt. Die Folgen seines leichtsinnigen Handelns sieht er erst am Ende eines jeden Monats, wenn er seine Kreditkartenabrechnung bekommt.

Sie müssen keineswegs Ihre Kreditkarte zerschneiden. Vielleicht können Sie sehr gut damit umgehen, oder vielleicht benutzen Sie sie ja erst gar nicht. In den meisten Fällen aber können die Menschen nicht mit den Karten umgehen. Erfunden wurde die Kreditkarte nur aus einem Grund. Zwar wird damit geworben, dass eine Kreditkarte den Zahlungsprozess optimieren und vereinfachen soll, doch die Kreditkarte ist und bleibt ein Mittel, das Sie langfristig an Ihre Bank bindet. Diese Bindung sollten Sie tunlichst vermeiden. Sie nimmt Ihnen Ihre Freiheit. Zusätzlich suggeriert Ihnen die Option, mit Kreditkarte zahlen zu können, dass Sie Geld zur Verfügung haben, das Ihnen gar nicht gehört. Das Geld gehört in erster Instanz dem Anbieter der Kreditkarte und nicht Ihnen. Sie verschulden sich also kurzfristig. Schulden sind, wie Sie gelernt haben, nichts Böses. Doch da diese Schulden für Konsumgüter draufgehen, sollten Sie die Finger davon lassen. Ich besitze selbst eine Kreditkarte für Urlaube oder Auslandsreisen, doch für private Zwecke lasse ich die Finger davon. Zusätzlich führe ich strickt Buch über diese Kreditkarte. Das Budget hilft Ihnen, auch dies zu tun. Dank des genialen Budgetierungssystems, das Sie jetzt kennen gelernt haben, können Sie kaum einen Fehler begehen. Vorausgesetzt, Sie halten alle Regeln ein. Achten Sie darauf, wofür Sie Geld ausgeben. Sie können sich hierfür eine Excel-Tabelle erstellen oder handschriftlich ein Buch führen, in das Sie Ihre Einzahlungen und Auszahlungen eintragen. Sie sollten in diesem Fall die genauen Kostenstellen markieren. Jedes Mal, wenn Sie in Ihr Buch oder in Ihre Tabelle blicken, erkennen Sie, wo die Kosten des jeweiligen Monats angefallen sind. Sie können sogar Analysen aufstellen und sehen, welche Monate besonders kostenintensiv waren und wieso sie dies waren. Wenn Sie dies erkennen, können Sie für künftige Monate vorrausschauend planen. Ihr Budget ist unfassbar wichtig. Wohlhabende und finanziell erfolgreiche Menschen halten alle ein striktes Budget ein. Finanziell erfolglose Menschen haben kein Budget oder nutzen es nicht richtig oder nicht kontinuierlich. Wenn Sie sich nun fragen, woher Sie die Zeit dafür nehmen sollen, dann sollten Sie sich erst die Frage stellen, wie wichtig es Ihnen ist, an Ihrer finanziellen Zukunft zu arbeiten. Ich sagte Ihnen bereits am Anfang, dass es ein harter und langer Weg ist, der sich erst am Ende im wahrsten Sinne bezahlt macht.

Wenn ich Menschen mein Vorgehen erkläre, höre ich des Öfteren, dass die beschriebenen Techniken ja nichts Neues seien und sie solche Sachen schon einmal gehört hätten. Ich nicke dann und gebe diesen Menschen Recht. Die Techniken sind keine neuen Tricks oder Ähnliches. Ich habe sie auch nicht erfunden. Dieses Wissen gibt es in der Tat seit langer Zeit. Doch ich frage Sie: Wenn diese Techniken nicht neu sind, warum handeln dann die Menschen nicht danach? Der Unterschied von Wissen und Verstehen ist in so vielen Köpfen noch nicht angekommen. Von einer Technik zu hören, macht sie noch nicht effektiv. Sie müssen sie anwenden, erst dann kann jedes hier beschriebene Werkzeug für Sie arbeiten. Zusammen mit dem, was Sie alles in den letzten Kapiteln gelernt haben, bilden diese Instrumente ein mächtiges Werkzeug, das Ihnen gute Dienste leisten kann.

Die Begriffe des Investierens und des Konsumierens sind im Laufe des Buches verständlich geworden. Sie haben erkannt, dass Sie Ihr passives Einkommen vergrößern und Cashflow generieren müssen, um Ihren Konsum erst dann von diesem zu bezahlen. Der Begriff »die Konsumfalle« kommt nicht von ungefähr. Jene Menschen, die ihr aktives Einkommen dafür verwenden zu konsumieren, statt zu investieren, werden wohl ewig ohne passives Einkommen und ohne eine Form von Cashflow in der Falle sitzen. Sie werden in dieser Falle sitzen, bis sie in Rente gehen. Genau an jenem Tag werden sie anfangen zu glauben, dass die Rente das Ende ihrer Arbeit und ihres Lernens bedeutet. Schlimmer noch. Viele Menschen glauben, dass das Lernen mit dem Schulabschluss oder der Ausbildung endet. So konsumieren diese Menschen fröhlich darauf los bis sie im Rentenalter merken, dass sie nicht genug getan haben für eine solide finanzielle Zukunft. Sie parken ihren Körper vor dem Fernseher und schimpfen jedes Mal auf das Neue, wenn sie einen Politiker auf dem Bildschirm erblicken. Sie glauben, der Staat hätte ihnen die Rente weggenommen. Stattdessen hätten sie lieber selbst die Zügel in die Hände nehmen sollen. Mit den Zügeln in der Hand hätten sie sich ein passives Einkommen und Cashflow geschaffen, Werte gekauft und wieder verkauft, um am Tag des Renteneintritts mehr als genug Mittel für den Rest ihres Lebens zur Verfügung zu haben.

Auch wenn der Konsum manchmal sehr verlockend ist, rate ich Ihnen dazu, erst passives Einkommen zu schaffen. Ich kann gut verstehen, dass Finanzierungen zu 0 % attraktiv erscheinen und dass alle diese neuen Spielsachen im Elektronikmarkt verlockend aussehen. Doch ihre Aufgabe ist immer die Gleiche. Sie wollen Sie binden – und das, solange es nur möglich ist. Kundenbindung ist etwas sehr Schönes, aber nicht, wenn es dem Kunden seine Freiheit nimmt. Achten Sie darauf, kein Konsumjunkie zu werden, bevor Sie nicht das passive Einkommen dafür geschaffen haben. Genießen Sie das Leben in vollen Zügen. Doch tun Sie es nicht auf Kosten Ihrer Freiheit. Mit einem Teil des von Ihnen erworbenen passiven Einkommens sollten Sie erst konsumieren. Nicht anders herum. Erst investieren, dann konsumieren! Auch in diesem Fall wird Ihr Budget Ihnen zeigen, was möglich ist und was nicht.

Ich habe in den vergangenen Jahren gemerkt, dass der Mensch die besten Techniken kennen kann, doch eine wirkliche Veränderung bringt erst deren Anwendung. Nutzen Sie das Budgetierungssystem für sich und beginnen Sie zu budgetieren, wie es Millionäre tun. Es wird sich lohnen!

Kapitel 9:
Werte schaffen

Alle Kunst praktischer Erfolge besteht darin,
alle Kraft zu jeder Zeit auf einen Punkt –
auf den wichtigsten Punkt – zu konzentrieren
und nicht nach rechts und links zu sehen.
                                    Ferdinand Lassalle

Werte zu schaffen, bedeutet, anderen Menschen zu helfen. Geld wächst nicht auf Bäumen, das ist eine Tatsache. Geld verdient man an Problemen, die andere Menschen haben. Eben jene Menschen sind es, die für ihr jeweiliges Problem und für die Lösung des Problems Geld bezahlen. Anstatt sich also zu fragen, wie sich mehr Geld verdienen lässt, fragen Sie sich einfach, welche Probleme Sie lösen können. Je mehr Menschen das betreffende Problem haben, desto mehr können Sie an der Lösung des Problems verdienen. Das gleiche Geld können Sie aber auch an einem einzigen Problem verdienen, wenn die Menschen mit besagtem Problem bereit sind, genug für die Lösung zu bezahlen. Bevor Sie also über Strategien, Techniken, Gesellschafterverträge, Rechtsformen, Unternehmen, Aktien oder andere Dinge nachdenken, beginnen Sie ganz einfach bei den Grundregeln. Wer Probleme am besten und effizientesten löst, verdient am meisten Geld. Seien Sie also lösungsorientiert. Probleme gibt es genug bei jedem Menschen in dieser Welt, und die Möglichkeiten, mehr Geld zu verdienen und Werte zu schaffen, sind allgegenwärtig. Sie sind genauso mannigfaltig wie die Geschichten erfolgreicher Menschen. Jeder Erfolgsmensch hat eine andere Geschichte, wie er zu mehr Wohlstand kam. Doch Wohlstand bringt Verantwortung mit sich und neben der Verantwortung auch neidische Blicke. Diese Erfahrung musste ich selbst machen.

Wohlstand oder Reichtum zu zeigen, mag für manche ein echter Hingucker sein, doch für andere kann es schnell zum Dorn im Auge werden. Viele Menschen gönnen der Oberschicht ihren Wohlstand nicht. Der Gedanke an die Oberschicht ist in vielen Köpfen von Neid und Hass geprägt. Seit Jahrhunderten, sogar seit Jahrtausenden herrscht ein Kampf zwischen den Reichen und Armen. Einige wohlhabende Menschen gieren so sehr nach Macht und Geld, dass sie niemals genug bekommen, und einige weniger wohlhabende Menschen werden niemals einem anderen Menschen etwas gönnen, was sie selbst nicht haben. Vereine, Organisationen und sogar politische Lager vertreten stets nur die Interessen von einer der beiden Seiten. Es kommt sehr schnell dazu, dass Lügen über beide Seiten in die Welt gesetzt werden. Die »bösen Reichen« werden als hochnäsige Affen dargestellt, deren einziges Interesse sie selbst sind. Die Armen werden dann als schmarotzende Parasiten betitelt, die ihr schreckliches Dasein gänzlich selbst verschuldet haben und auf Kosten der Allgemeinheit leben. Der Grundgedanke, der immer wieder publik wird, ist derjenige, dass dem einen etwas vom anderen weggenommen wird. Der Ursprung ist also Neid und Gier. So werden schnell Lager geformt, in denen die Unterschicht und Oberschicht hineingesteckt werden. Leider ist dies viel zu oft der Grund, warum Chancen nicht entstehen können. Um Ihnen klar zu machen, was ich damit meine, erzähle ich Ihnen eine wahre Geschichte:

Die Familie eines sehr guten Freundes ist eine der liebevollsten, die ich kennen lernen durfte. Es sind hart arbeitende

Menschen, die für ihre Kinder nach Deutschland kamen, um ihnen eine stabile Zukunft zu garantieren. Die Eltern sind hoch gebildete Eheleute. Sie studierten in ihrem Heimatland an der besten Universität. Ihre akademische Intelligenz ist bei kaum einem Menschen höher, den ich kenne. Immer wieder werde ich von ihnen zu einer Tasse Tee eingeladen, und wir unterhalten uns viele Stunden über Gott und die Welt. Sie kennen zu jedem Thema detaillierte historische Fakten – egal ob wir über Religion, Kultur oder Politik sprechen. Ich genieße diese Gespräche immer sehr, sie sind ein großer Spaß. Doch leider ist auch in ihrem Fall die akademische Intelligenz kein Garant für finanzielle Sicherheit. Sie arbeiten hart und verdienen doch zu wenig Geld für ihre Arbeit. Sie arbeiten viel härter als einige Menschen aus meinem Bekanntenkreis mit einem viermal so großen Gehalt. Wo liegt das Problem? Das Problem liegt tief in ihrer Einstellung. Die Mutter meines Freundes ist tief religiös. Hier liegt keineswegs das Problem. Religion und Glaube sind etwas sehr Wichtiges. Ihr Glaube allerdings hindert sie. Sie ist durch ihren christlichen Glauben der Ansicht, dass wer viel Geld hat, ein böser Mensch sei. Warum glaubt sie denn so etwas?, könnte man sich nun fragen. Sie ist der Meinung, dass die Reichen den Armen etwas wegnehmen und dass auf diese Weise viele Menschen sterben müssen, weil die Reichen ihnen die Mittel zum Überleben weggenommen haben. Sie arbeitet zwar hart für ihr kleines Geld, doch ihre Einstellung hindert sie daran, mehr Geld zu verdienen. Warum? Würde sie mehr verdienen, dann wäre sie doch einer dieser schlechten Menschen, nicht wahr? Wer will schon ein schlechter Mensch sein oder gar ein schlechter Christ? Wenn Sie jetzt voreilig sagen, dass sie damit doch Recht habe, sollten Sie dringend Ihre Einstellung überprüfen und einmal eines der vorrangegangen Kapitel erneut lesen. Sie haben bereits gelernt, dass Geld immer im Umlauf ist und durch viele Hände geht. Geld stoppt und schläft nicht. Es fließt jeden Tag und jede Sekunde. Niemand nimmt hier irgendjemandem etwas weg. Ich habe ihr einmal bei einem unserer Treffen versucht zu erklären, dass die Reichen niemandem etwas wegnehmen wollen. Sie konterte immer wieder mit Beispielen aus der Politik und der Wirtschaft. Sie sprach von Milliardären und Politikern, die für eine zehnminütige Rede 30.000 € erhielten. Sie sprach von Fairness und davon, dass viele Menschen einen solchen Betrag im Jahr nicht verdienen würden. Und es stimmt! Sie hat Recht. Es gibt Menschen, die so unglaublich reich sind, dass die Zahl, die jenes Vermögen ausdrückt, alleine nicht vorstellbar ist. Das Vermögen ist enorm. Auch hat sie Recht, wenn sie sagt, dass es wohlhabende Menschen gibt, die nur an sich denken und nur ihr eigenes Wohl im Vordergrund sehen. All dies ist wahr. Doch wie viele Millionäre und Milliardäre gibt es, die einen Großteil ihres Vermögens gespendet haben und damit das Gegenteil beweisen? Die Liste der Wohltäter ist lang. Nehmen die Reichen den Armen etwas weg? Es gibt heute noch hitzige Diskussionen über dieses Thema, und sie werden niemals enden. Dieser Krieg tobt schon, seitdem es reiche und arme Menschen gibt. Fakt ist allerdings, dass es genug für alle gibt. Ein Bekannter von mir ist mehrfacher Millionär. Er hat es sich zur Gewohnheit gemacht, jede Weihnacht durch die ärmsten Stadtteile von Hamburg zu fahren und Essen an Bedürftige zu verteilen. Er benutzt seinen Reichtum, um Menschen etwas davon zurückzugeben und um etwas zu verändern. Ist es nicht eine ehrenwerte Vision, reich zu werden, um dadurch anderen Menschen besser helfen zu können? Indem Sie helfen, schaffen Sie Werte, und indem Sie Werte schaffen, schaffen Sie Wohlstand. Dabei können Sie ruhig auch einmal klotzen, anstatt nur zu kleckern. Kommunizieren Sie ruhig Ihren Wert an die Außenwelt. Diese Art von Selbstmarketing ist keine Arroganz, auch wenn vielleicht der eine oder andere sie so wahrnehmen mag. Diese Art von Selbstmarketing ist, wenn sie denn ehrlich ist, eine Form, anderen Menschen zu zeigen, dass sie ihre Probleme lösen können. Wir alle haben

Fähigkeiten, die ein anderer Mensch braucht. Um Werte zu schaffen, müssen Sie vor allem Ihren eigenen Wert erkennen und Ihre Bedeutung im Gebilde unserer Gesellschaft. Wenn Sie das geschafft haben, können Sie nach Problemen Ausschau halten und Schnittstellen finden, wo Ihre besonderen Fähigkeiten auf die Probleme der Menschen treffen. Genau an diesem Punkt haben Sie ein Problem gefunden, das Sie lösen können. Besonders junge Menschen, mit frisch gebackenem Hochschulabschluss, ertappe ich immer wieder dabei, wie sie über neue und innovative Geschäftsideen nachdenken. Sie sinnieren, was sie tun könnten, um reich zu werden. Dabei müssten sie das gar nicht. Denken Sie an die Probleme, die andere Menschen haben, und überlegen Sie, wie Sie diesen Menschen am besten dienen können. Dabei kann Ihre Lösung ein Produkt oder eine Dienstleistung sein. »Moment mal, ich bin angestellt und nicht selbstständig«, mögen Sie sagen. Besonders Angestellten lege ich diese Regel ans Herz. Die Kunden Ihres Unternehmens haben ebenso Probleme und brauchen eine Lösung. Der Mitarbeiter, der seinem Unternehmen und dessen Kunden am besten dient, kann seinen Wert für die Firma auf diese Weise kommunizieren und dafür sorgen, dass er mehr verdient. Ganz gleich ob Sie also Unternehmer, Selbstständiger oder Angestellter sind, Sie haben die Möglichkeit, anderen Menschen mit Ihren Problemen zu helfen. Wer wahrhaftige Probleme löst, der setzt auf langfristigen Erfolg. Dabei brauchen Sie nicht gierig zu werden, und schon gar nicht brauchen Sie dem Bild des »bösen Reichen« zu entsprechen.

Haben Sie genau wie ich in Ihrer Kindheit von Robin Hood gehört? Ich las als kleines Kind die Geschichte des tapferen Räubers, der den bösen Reichen ihr Geld abnahm, um es den Armen zu geben. Es ist kurios, wie subtil die Idee vermittelt wird, die Reichen wären schlechte Menschen seien und damit wäre auch Geld etwas Schlechtes. Kinder werden schon in jungen Jahren darauf programmiert, dass Geld etwas Schlechtes ist. Wenn sie dann ins Berufsleben einsteigen, arbeiten sie hart für das Geld, das sie verdienen. Doch irgendwie scheint es etwas zu geben, das sie zurückhält. Etwas, das sie blockiert. Sie schaffen den finanziellen Durchbruch einfach nicht, egal wie hart sie doch arbeiten. Dreimal dürfen Sie raten, woran das wohl liegen mag. Natürlich liegt es nicht an Robin Hood. Seine Abenteuer sind eine tolle Geschichte und ich habe sie als Kind gerne gelesen oder im Fernsehen gesehen. Doch die Grundidee, welche die Geschichte den Kindern unbewusst vermittelt, ist trotzdem falsch. Geld ist weder etwas Böses, noch macht es einen Menschen zu einem schlechten Wesen, wenn er Geld besitzt. Die Geschichte des Mannes aus Sherwood Forest ist nicht die einzige Geschichte, die Kinder schon in jungen Jahren in ihrer Abneigung gegen die Reichen einordnen. Wie viele Filme oder Bücher kennen Sie, in denen die reiche Person immer die Böse ist? Denken Sie an Titanic. Der junge, arme Mann, der die hübsche Heldin verführt und sich gegen die reichen Snobs wehrt. Die Armen sind die Helden, die Reichen sind die Bösen. Dabei ist Geld nichts Schlimmes. Es macht Sie sicherlich nicht zu einem schlechten Menschen. Geld bewirkt lediglich eine einzige Sache: Es verstärkt Ihren Charakter und bringt das intensiver zum Vorschein, was Sie bereits sind. Wer ein gieriger Mensch ist, wird umso gieriger werden, je mehr Geld er besitzt. Falls Sie aber ein liebevoller und großzügiger Mensch sind, so werden Sie nur noch liebevoller und großzügiger werden, je mehr Geld Sie besitzen. Wenn Sie wirklich ein Vermögen aufbauen wollen, so sollten Sie Ihre Einstellung zum Geld überprüfen. Dies bedeutet auch, dass Sie Ihre Einstellung im Hinblick auf die Reichen und die Armen prüfen sollten. Sie werden es sonst schwer haben, Ihre finanzielle Situation auf das nächste Level zu bringen, wenn Sie den Wohlstand unterbewusst ablehnen. Werte zu schaffen und sie gleichzeitig unbewusst abzulehnen, ist nicht möglich. Überprüfen und überdenken Sie also einmal Ihre Meinung. Ist diese Meinung Ihnen bei Ihren Zielen behilflich oder sollten Sie Ihre derzeitige Meinung nicht lieber einmal hinterfragen und vielleicht sogar ändern? Missverstehen Sie mich bitte nicht. Es ist nichts Schlimmes, wenig Geld zu besitzen. Als ich mein Studium begann, hatte ich sehr wenig Geld. Auch meine Eltern fingen mit nichts an, wie auch meine Großeltern zuvor. Pleite zu sein, ist nur ein zeitlich begrenzter Zustand. Viel schlimmer allerdings ist es, wenn Sie arm sind. Arm zu sein, ist kein Zustand, sondern eine Einstellung. Wenn Sie sich arm fühlen, sollten Sie dieses Gefühl schnell ersetzen.

In Werte anderer investieren
Wenn es darum geht, Ihr Einkommen zu vergrößern, haben Sie gelernt, dass es darauf ankommt, sich ein zunehmendes passives Einkommen aufzubauen. Die Quellen, aus denen Sie schöpfen, also Ihre Investments, stehen dabei immer im Vordergrund. Behalten Sie stets die Kontrolle über ein Investment. Bedenken Sie, dass jedes Investment, das Sie tätigen, in Ihrer Kontrolle liegen sollte. Wenn Sie ein Investment erwerben können, das zwar ein hohes Cashflow-Potenzial hat, sich aber Ihrer Kontrolle entzieht, dann lassen Sie die Finger davon. Es kann wirklich riskant sein, die Finger zu nah ans Feuer zu halten. Sie laufen Gefahr, sich zu verbrennen. Wer ein Investment besitzt, welches er nicht kontrollieren kann, wird sich früher oder später die Finger verbrennen. Machen Sie sich nicht von Entscheidungen anderer abhängig. Schließlich ist es Ihr Investment und auch Ihr Portfolio. »Investieren Sie nur in etwas, was Sie verstehen und kontrollieren können.« Dieser Ratschlag stammt ursprünglich von dem Milliardär und Investor Warren Buffett. Befolgen Sie seinen Rat, genauso wie es viele andere erfolgreiche Investoren überall auf der Welt tun. Sie können keinen Cashflow generieren, wenn Sie etwas kaufen, das Sie nicht verstehen. Verstehen Sie die Essenz Ihres Investments und behalten Sie

es unter Kontrolle, so werden Sie daraus auch Kapital schlagen können. Holen Sie sich so viele Informationen über ein Investment ein, wie Sie nur können. Gehen Sie auf Nummer sicher, dass Sie vollkommen verstehen, wo Ihr Geld hinfließt und wofür es verwendet wird. Die meisten Menschen tun genau dies nicht und wundern sich dann, warum sie beim Investieren scheitern. So entstehen Gerüchte, und schnell reden die Menschen davon, wie riskant das Investieren doch wäre. Eine Art, Wohlstand zu erschaffen, ist das Investieren in die Werte Dritter. Eine andere Möglichkeit, Wohlstand zu kreieren, ist die Investition in eigene Werte.

> *Diversifizieren ist ein Schutz gegen Unwissen.*
> *Es macht wenig Sinn für diejenigen,*
> *die Bescheid wissen.*
> Warren Buffett

In selbstgeschaffene Werte investieren

Eine andere Möglichkeit, Wohlstand aufzubauen, besteht darin, in eigene Werte zu investieren. Das bedeutet, dass Sie Ihr eigenes Geld dafür verwenden, um selbst einen Vermögenswert zu schaffen. Das können eben jene Werte sein, die Sie in diesem Buch kennengelernt haben. Sie können ein Unternehmen gründen, Häuser bauen oder wertvolle Gegenstände selbst kreieren. Damit Sie ein solches Vorhaben finanzieren können, brauchen Sie selbstverständlich ein wenig Geld. Ich habe dabei paradoxerweise die Erfahrung gemacht, dass es eben nicht Hunderttausende kostet, ein Projekt in Gang zu bringen. Ich habe in den vergangenen Jahren einige Projekte mit weniger als zweitausend Euro pro Projekt begonnen und alle waren erfolgreich. Sie müssen also definitiv nicht gleich ein Unternehmen aus dem Boden stampfen, obgleich die reichsten Menschen der Welt allesamt Unternehmer oder Investoren sind. Sie können genauso gut das Projekt eines

Dritten unterstützen und an diesem Projekt partizipieren und davon profitieren. Eine stille Teilhaberschaft ist immer interessant.

Sie müssen auch nicht Ihren Beruf an den Nagel hängen. Jede Branche und jeder Beruf kann Wohlstand ermöglichen, denn wie Sie bereits gelernt haben, erzeugt nicht unser Beruf den finanziellen Wohlstand, sondern unser passives Einkommen. Ich gebe Ihnen fünf Schritte vor, die Sie machen können, um eigene Werte zu schaffen. Diese Werte können Sie selbstverständlich auch für Ihr Unternehmen schaffen und an der Leistung partizipieren. Unternehmer oder selbstständig zu sein, ist also nicht zwingend notwendig.

Fünf Schritte zu neuen Werten

Schritt 1: Definieren Sie Ihre Zielgruppe
Um Probleme zu lösen, beantworten Sie zuerst die Frage, wem Sie genau helfen wollen und wessen Probleme Sie lösen wollen. Wer hat die Art von Problemen, welche Sie lösen möchten? Meist führt sogar die Definition der Zielgruppe zu dem Problem, welches Sie lösen können. Vielleicht möchten Sie ausschließlich alleinstehenden Müttern helfen oder nur einer gewissen Gruppe von Menschen in einem Umkreis von 50 Kilometern. Vielleicht aber hilft Ihr Arbeitgeber anderen Unternehmen, wie sie ihr Personalmanagement verbessern können, indem er nach neuen Mitarbeitern sucht (Headhunting). Wie können Sie also die Probleme Ihres Arbeitgebers lösen? Sie müssen sich im Klaren darüber sein, wem Sie helfen wollen und wie Sie helfen wollen. Wenn Sie allerdings erst das Problem definieren wollen, um eine Zielgruppe zu finden, können Sie Schritt 1 und Schritt 2 auch austauschen.

Schritt 2: Listen Sie die Probleme auf
Definieren Sie genauestens das Problem, welches Sie zu lösen gedenken. Woher kommt das Problem? Was sind die Gründe für das Problem? Ist das Problem emotionaler oder rationaler Natur? Wann tritt das Problem auf und warum tritt es auf? Wenn Sie die Art des Problems bis zu seinem Kern verstehen und durchdringen, wird es Ihnen leichter fallen, anderen Menschen bei der Problemlösung zu helfen. Machen Sie eine Liste der Probleme, die Ihre Zielgruppe hat, und priorisieren Sie danach die Probleme in ihrer Wertigkeit. Das Problem Nummer eins ist dabei das größte Problem Ihrer Zielgruppe.

Schritt 3: Machen Sie ein Brainstorming zu möglichen Lösungen
Ein Brainstorming bringt Sie auf gute Ideen, mögliche Lösungen zu den definierten Problemen zu finden. Dabei können Sie vielleicht sogar auf eigene Erfahrungen zurückgreifen, wie ich es in diesem Buch getan habe. Wenn Sie das Problem selbst einmal hatten und es lösen konnten, können Sie es auch für andere lösen. Sammeln Sie die wildesten Ideen, wie Sie die Probleme Ihrer Zielgruppe lösen können. Erstellen Sie dazu ebenfalls eine Liste. Anschließend können Sie eine Strategie ausarbeiten, welche Ihrer Zielgruppe helfen wird, das Problem zu lösen.

Schritt 4: Erstellen Sie einen Verdienstplan
Wenn Sie wissen, wem Sie helfen wollen und was Sie tun können, um Ihrer Zielgruppe zu helfen, müssen Sie nun definieren was Sie im Gegenzug dafür haben wollen. Seien Sie dabei nicht unverschämt, aber auch nicht zu bescheiden. Wenn Sie die beste Person mit der besten Lösung sind, verdienen Sie auch eine monetäre Anerkennung für Ihre Leistung. Achten Sie nur darauf, dass Ihre Zielgruppe auch das Geld hat, um für die Lösung des Problems zu bezahlen. Das

Problem muss groß genug sein, dass Ihre Zielgruppe bereit ist, dafür einen gewissen Betrag zu berappen.

Schritt 5: Erstellen Sie einen Aktionsplan
Wenn Sie die ersten vier Schritte getan haben, erstellen Sie nun einen Aktionsplan, wie Sie vorgehen wollen, um Ihrer Zielgruppe Ihr Problem bewusst zu machen und ihr zu zeigen, dass Sie die Person sind, die dieses Problem lösen kann. Ihre Zielgruppe muss wissen, dass Sie die fähigste Person sind, es zu lösen. Wenn Ihre Zielgruppe Ihnen Vertrauen schenkt und weiß, dass Sie mit Ihnen zusammen Erfolg haben wird, so wird sie auch auf Sie bauen. Im Resultat können Sie ans Werk gehen und helfen. Das können Sie als Freiberufler, Selbstständiger, Unternehmer oder auch als Angestellter tun. Als Angestellter beraten Sie sich einfach mit Ihrem Team oder Ihrem Vorgesetzten und weisen auf bestimmte Probleme des Kunden hin, die vielleicht noch nicht definiert wurden. Sie können ebenso auf neue Lösungswege für ein bekanntes Problem hinweisen und dafür eine gewisse Beteiligung verlangen. Kein Arbeitgeber, der die Möglichkeit sieht, neue Probleme seiner Kunden aufzutun oder ein bestehendes Problem besser zu lösen und damit mehr zu verdienen, wird einen solchen Vorschlag ablehnen. Sollte er es doch tun, suchen Sie sich eine andere Möglichkeit.

Die Kraft, Reichtümer zu schaffen,
ist unendlich wichtiger als der Reichtum selber.
Friedrich List

Anmerkungen

Die hier beschriebenen Kniffe, besonders im steuerlichen Rahmen mögen in einem anderen Land als der Bundesrepublik Deutschland, nicht 1 zu 1 übertragbar sein. Durch Fantasie und begleitende Nachhilfe durch einen geeigneten Berater können jedoch sehr wohl Parallelen gezogen werden. Die steuerlichen Themen beziehen sich auf die gesetzliche Lage der Bundesrepublik im Jahre 2016.

Der Ausdruck der »Finanziellen Intelligenz« wird in diesem Rahmen als neu entstandener Begriff verwendet und daher groß geschrieben.

Die Quellenangaben zu diesem Buch werden während des Fließtextes nicht erläutert, da dies den Lesefluss behindern würde. Sie finden diese im Literaturverzeichnis am Ende des Buches wieder, damit auch die Arbeiten meiner Vorgänger honoriert werden.

Namen von nicht öffentlich bekannten natürlichen oder juristischen Personen sind in diesem Werk absichtlich verändert worden, um deren Identität zu schützen.

Abschließende Worte

*Eine Investition in Wissen
bringt immer noch die besten Zinsen.*
Benjamin Franklin

Es ist eine lange Reise, und die ersten Schritte sind wir in diesem Buch zusammen gegangen. Sie haben gelernt, dass die Schule und die nationale Bildungspolitik Ihnen nicht geben kann, was Sie benötigen, um finanziell erfolgreich zu werden. Das finanzielle Wissen, die Finanzielle Intelligenz, kann Ihnen unser Bildungssystem nicht vermitteln. Stattdessen können Sie sich auf Ihren FQ verlassen und sich selbst finanziell bilden. Dadurch schaffen Sie sich Ihre eigene Freiheit und die Macht, über Ihre finanzielle Zukunft zu bestimmen. Dafür haben Sie gelernt Ihr »Warum« und Ihre Geschichte zu definieren. Ebenfalls haben Sie gelernt, wie Sie Ihr Unterbewusstsein in die richtige, finanziell erfolgreiche Zukunft steuern können. Durch Affirmationen und Visualisierung können Sie Ihr Unterbewusstsein direkt beeinflussen, und Sie füttern es mit den Informationen, die Sie als wahr anerkennen möchten. Sie schaffen sich so ganz bewusst das finanzielle Leben, von dem Sie träumen. Nachdem Sie Ihr Mindset und sich selbst auf Kurs gebracht haben, haben Sie gelernt, welche Werkzeuge Sie benötigen, um finanziell durchzustarten. Wir sprachen über Kosten, Einnahmen, Werte und Steuern. Wir sprachen über eine Vielzahl an weiteren Techniken und Möglichkeiten, um Ihre Finanzielle Intelligenz zu erweitern. Sie haben auch gelernt, wie Sie Ihr Geld effizient verwalten können, um anderen Menschen zu helfen und sich selbst eine blühende finanzielle Zukunft zu ermöglichen. Das Jar-System wird Ihnen dabei helfen. Abschließend haben Sie gelernt, wie Sie Werte schaffen. Sie können dabei in Werte Dritter investieren oder eigene Werte schaffen.

Alles, was Sie gelernt haben, ist für Sie sehr wertvoll und hat auch mir selbst sehr gute Dienste erwiesen. Ich habe mein Leben dadurch nachhaltig verbessern können. Wer weiß schon, wie mein Leben sonst verlaufen wäre. Doch alles, was Sie gelernt haben und was ich einst gelernt habe, ist nichts wert solange wir es nicht anwenden. Sie können alles schaffen, egal in welchem Alter, solange Sie es nur tun. Ich habe es in meinen jungen Zwanzigerjahren gemacht, und Sie können das auch, egal wie alt oder jung Sie nun sein mögen. Doch Sie müssen es auch tun. Ohne die Anwendung des Gelernten haben Sie Ihre Zeit verschwendet und nur eine weitere Lektüre gelesen. Am Ende folgt dann eine Bewertung des Buches und das war es. Ende – aus – der Vorhang fällt. Lassen Sie es nicht so weit kommen. Wenden Sie an, was Sie gelernt haben, und Sie werden Ihr finanzielles Leben völlig verändern. Das ist ein Versprechen. Arbeiten Sie sonst das Buch noch einmal durch und gehen Sie die Schritte durch, die ich Ihnen vorgeschlagen habe. Ich lese selbst Bücher immer mit einem Bleistift und einem Notizbuch in der Hand. Es hilft festzuhalten, was besonders wichtig ist und was wir nutzen können. Machen Sie es genauso! Einer meiner Leser der ersten Ausgabe des Buches, Markus, hat genau dies getan, und ich bin froh, dass mein Buch ihm helfen konnte. Er schrieb mir vor einer ganzen Weile ein paar Zeilen per E-Mail, die ich hier mit seiner Erlaubnis gerne mit Ihnen teilen möchte.

Lieber Niclas,
ich möchte Dir herzlichst danken, dass Du Dir die Mühe gemacht hast, ein so tolles Buch zu schreiben. Als mein Vater es mit nach Hause brachte und es mir und meinem Bruder schenkte, war ich skeptisch. Ich las es trotzdem. Ich bin

froh, dass ich es las! Dein Buch hat mein Leben verändert. Als ich es vor drei Jahren las, war mir das noch nicht so bewusst. Ich war zu diesem Zeitpunkt auf der Realschule in meinem letzten Jahr, mit der Möglichkeit für den Aufstieg zum Gymnasium. Ich hatte keinen Elan und war verloren ohne Ziel. Dein Buch hat mich inspiriert und motiviert, aus meinem Leben mehr zu machen und meine Ziele neu zu definieren. Ich habe Dein Buch mehrfach gelesen, deine Übungen gemacht, Listen geschrieben und mir eine Visionstafel gebaut. Ich habe den Aufstieg auf das Gymnasium dann doch noch in Angriff genommen, habe Abitur gemacht und studiere nun an der Fachhochschule Informatik. Ich habe ein klares Ziel vor Augen und weiß, was ich will vom Leben. Ich verwalte dabei meine Finanzen selbstständig, auch wenn es noch ein kleines Vermögen ist. Ich bin mir sicher und weiß, dass es mir auch in Zukunft an nichts mangeln wird, denn ich bilde mich seit Deinem Buch stetig finanziell weiter. Ich kann dir nicht genug danken.
Markus

Ich möchte Sie zum Ende dieses Buches beglückwünschen. Ich hoffe, dass ich Ihnen durch dieses Buch einen Nutzen beschert habe und Ihnen Fragen beantworten, Wege weisen und Wissen vermitteln konnte. Haben Sie Geduld auf Ihrem Weg, auch wenn er nicht immer eben sein sollte. Manchmal ist der Pfad nicht klar. Vielleicht ist dieses Buch genau in diesen Momenten für Sie ein Wegweiser. Doch vergessen Sie nicht, aus Ihrer Komfortzone auszubrechen, zu handeln und täglich an Ihren Zielen zu arbeiten. Tun Sie es so, als ob Sie niemals scheitern könnten. Sie werden einen Weg finden und Ihre Ziele erreichen.

Sie bestimmen über Ihre Gedanken und Gefühle. Kein Arzt, kein Anwalt, kein Lehrer, kein Professor und kein Arbeitgeber tut dies, auch wenn der Schmerz groß sein kann. Sie bestimmen über Ihr Schicksal und über die Bedeutung einzelner Ereignisse in Ihrem Leben. Es ist Ihr Leben, und Sie bestimmen es. Besonders in extremen Zeiten lernen wir, wie unendlich dumm es ist, unsere Zeit und Gesundheit für Geld zu opfern, nur um daraufhin zu versuchen, durch Geld wieder unsere Gesundheit zu erlangen.

Ich wünsche Ihnen und Ihrer Familie für Ihre Zukunft, dass Sie Ihr volles Potenzial ausschöpfen können und alle Ihre Ziele erreichen werden. Leben Sie auf diesem Weg voller Hoffnung, Motivation und Leidenschaft und tun Sie die Dinge, die Sie lieben. Seien Sie voller Freude und Entdeckungslust. Sehen Sie Chancen und Möglichkeiten anstatt Probleme, und arbeiten Sie daran. Helfen Sie anderen Menschen, egal in welcher Branche Sie tätig sind. Schaffen Sie für andere Menschen und für sich selbst ein besseres Morgen. Verbannen Sie Neid, Hass und Gier aus Ihrem Leben und leben Sie aufrichtig und ehrlich. Bilden Sie sich ständig weiter und lernen Sie, so viel Sie können. Bereuen Sie nichts und gehen Sie ruhig ein paar Risiken ein. Das Leben ist wunderschön, aber es dauert selbstredend nicht ewig. Ich würde mich sehr freuen, wenn Sie mir ein ehrliches und respektvolles Feedback zu meinem Buch geben könnten. Teilen Sie das Wissen und dieses Buch mit anderen Menschen. Diese werden es Ihnen danken. Besuchen Sie mich auch gerne über einen meiner Social-Media-Kanäle:
https://www.facebook.com/niclaslahmer/
https://www.instagram.com/niclaslahmer/

Ich würde mich freuen, von Ihnen zu hören. Ich wünsche Ihnen alles Gute, viel Erfolg, Liebe, Wohlstand und Gesundheit für Ihr Leben. Kommen Sie gut an!

Ihr
Niclas Lahmer

Über den Autor

Niclas Lahmer ist ein deutscher Unternehmer, Autor und Vortragsredner. Mit seinen Büchern und Vorträgen begeistert der Top-Speaker seine Leser und Zuschauer und motiviert sie, seine Formel für mehr Erfolg im Beruf und im Privatleben effizient und nachhaltig anzuwenden. Sein drittes Buch *Rebellion im Hamsterrad*, in dem er für Querdenkertum und einen stoischen Umgang mit den Herausforderungen unserer Zeit eintritt, erschien im März 2020 bei FBV. Niclas Lahmer studierte General Management und International Business an der Cologne Business School in Köln und war als einer der jüngsten Dozenten für Wirtschaftsmathematik tätig. Heute lebt Niclas Lahmer in Baden-Baden.

Mehr unter: *www.niclaslahmer.de*

Quellen

Cash Flow Quadrant, by Robert Kiyosaki. New York: Warner Books, 2000.

Multiple Streams of Income, by Robert G. Allen. New York: John Wiley & Sons, 2000.

Multiple Streams of Internet Income, by Robert Allen. New York: John Wiley & Sons, 2001.

Rich Dad, Poor Dad, by Robert Kiyosaki with Sharon L. Lecter. Paradise Valley, Ariz.: Tech Press, 1997.

The Courage to Be Rich: Creating a Life of Material and Spiritual Abundance, by Suze Orman. New York: Riverhead Books, 1999.

The Dynamic Laws of Prosperity, by Catherine Ponder. New York: DeVorss, 1988.

The Automatic Millionaire: A Powerful One-Step Plan to Live and Finish Rich, by David Bach. New York: Broadway Books, 2003.

The Armchair Millionaire, by Lewis Schiff and Douglas Gerlach. New York: Pocket Books, 2001.

The Millionaire Course, by Mark Allen. Novato, Calif.: New World Library, 2003.

The Millionaire in You, by Michael LeBoeuf. New York: Crown Business, 2002.

The Millionaire Mind, by Thomas J. Stanley. Kansas City: Andrews McMeel Publishing, 2000.

The Millionaire Mindset: How Ordinary People Can Create Extraordinary Income, by Gerry Robert. Kuala Lumpur, Malaysia: Awesome Books, 1999.

The Millionaire Next Door, by Thomas J. Stanley and William D. Danko. New York: Pocket Books, 1996.

The Miracle of Tithing, by Mark Victor Hansen. Newport Beach, Calif.: Mark Victor Hansen & Associates, 2003.

The One Minute Millionaire: The Enlightened Way to Wealth, by Mark Victor Hansen and Robert G. Allen. New York: Harmony Books, 2002.

The Science of Getting Rich, by Wallace D. Wattles. Tucson, Ariz.: Iceni Books, 2001. (Reprint of original book, which was published in 1910.)

The 21 Success Secrets of Self-Made Millionaires, by Brian Tracy. San Francisco: Berrett-Koehler, 2001.

The Wealthy Barber, 3rd edition, by David Chilton. Roseville, Calif.: Prima Publishing, 1998.

Secrets of the Millionaire Mind: Mastering the Inner Game of Wealth, by T. Harv Eker. New York: HarperCollins, 2005.

The Power of Focus: How to Hit Your Business, Personal and Financial Targets with Absolute Certainty, by Jack Canfield, Mark Victor Hansen, and Les Hewitt. Deerfield Beach, Fla.: Health Communications, 2000.

The Aladdin Factor: How to Ask for and Get Anything You Want in Life, by Jack Canfield and Mark Victor Hansen. New York: Berkley, 1995.

The Art of Possibility: Transforming Personal and Professional Life, by Rosamund Stone Zander and Benjamin Zander. New York, Penguin, 2000.

The DNA of Success: Know What You Want ...To Get What You Want, by Jack M. Zufelt. New York: Regan Books, 2002.

The Science of Success: How to Attract Prosperity and Create Life Balance Through Proven Principles, by James A. Ray. La Jolla, Calif.: SunArk Press, 1999.

The Success System That Never Fails, by W. Clement Stone. Englewood Cliffs, N.J.: Prentice-Hall, 1962.

Success Through a Positive Mental Attitude, by Napoleon Hill and W. Clement Stone. Englewood Cliffs, N.J.: Prentice-Hall, 1977.

Think and Grow Rich, by Napoleon Hill. New York: Fawcett Crest, 1960.

Napoleon Hill's Keys to Success: The 17 Principles of Personal Achievement, edited by Matthew Sartwell. New York: Plume, 1997.

Think and Grow Rich: A Black Choice, by Dennis P. Kimbro, Ph.D. New York: Ballantine, 1997.

What Makes the Great Great: Strategies for Extraordinary Achievement, by Dennis P. Kimbrow, Ph.D. New York: Doubleday, 1997.

The 7 Habits of Highly Effective People, by Stephen R. Covey. New York: Fireside, 1989.

The 100 Absolutely Unbreakable Laws of Business Success, by Brian Tracy. San Francisco: Berret Koehler, 2000.

Play to Win: Choosing Growth Over Fear in Work and Life, by Larry Wilson and Hersch Wilson. Austin, Tex.: Bard Press, 1998.

Master Success: Create a Life of Purpose, Passion, Peace and Prosperity, by Bill Fitzpatrick. Natick, Mass.: American Success Institute, 2000.

The Traits of Champions: The Secrets to Championship Performance in Business, Golf, and Life, by Andrew Wood and Brian Tracy. Provo, Utah: Executive Excellence Publishing, 2000.

The Great Crossover: Personal Confidence in the Age of the Microchip, by Dan Sullivan, Babs Smith, and Michel Néray. Chicago and Toronto:

The Strategic Coach, 1994. Extreme Success, by Richard Fettke. New York: Fireside, 2002.

The Power of Positive Habits, by Dan Robey. Miami: Abritt Publishing Group, 2003. Unlimited Power, by Anthony Robbins. New York: Simon & Schuster, 1986.

The Official Guide to Success, by Tom Hopkins. Scottsdale, Ariz.: Champion Press, 1982.

Create Your Own Future, by Brian Tracy. New York: John Wiley & Sons, 2002.

The Street Kid's Guide to Having It All, by John Assaraf. San Diego: The Street Kid, LLC, 2003.

Peak Performance: Mental Training Techniques of the World's Greatest Athletes, by Charles A. Garfield, with Hal Z. Bennett. Los Angeles: Jeremy P. Tarcher, 1984.

Peak Performers: The New Heroes of American Business, by Charles Garfield. New York: William Morrow, 1986.

How to Use What You've Got to Get What You Want, by Marilyn Tam. San Diego: Jodere, 2003.

You Were Born Rich, by Bob Proctor. Willowdale, Ontario, Canada: McCrary Publishing, 1984.

The Magic of Believing, by Claude M. Bristol. New York: Simon & Schuster, 1991.

The Magic of Thinking Big, by David Schwartz. New York: Fireside, 1987. Work Less, Make More, by Jennifer White. New York: John Wiley & Sons, 1998.

Ask and It Is Given: Learning to Manifest Your Desires, by Esther and Jerry Hicks. Carlsbad, Calif.: Hay House, 2004.

50 Success Classics, by Tom Butler-Bowdon. Yarmouth, Maine: Nicholas Brealey Publishing, 2004.

See You at the Top (2nd revision), by Zig Ziglar. New York: Pelican, 2000.

Arbeitsbuch Finanzielle Intelligenz

Niclas Lahmer

Geld besitzt seine ganz eigenen Regeln und finanziell intelligente Menschen kennen diese Gesetze des Erfolgs. Sie spielen nach den neuen Regeln, während sich der Rest weiterhin nach Althergebrachtem richtet. Junge Menschen lernen an Deutschlands Schulen und Universitäten auch heute noch die Wahrheiten von gestern, statt in einer Zeit des völligen Wandels das Wissen vermittelt zu bekommen, das sie wirklich für den finanziellen Erfolg brauchen.

Im Arbeitsbuch zu seinem Bestseller Finanzielle Intelligenz zeigt Niclas Lahmer, wie sich jeder das verwehrte Wissen selbst aneignen und Schritt für Schritt konkret anwenden kann. Als täglicher Begleiter auf dem Weg zur finanziellen Freiheit und einer höheren finanziellen Intelligenz hilft es, neue Wege und finanzielle Chancen zu entdecken, Geld für sich arbeiten zu lassen und finanziell erfolgreich zu werden.

240 Seiten | Hardcover | 20,00 € (D) | 20,60 € (A) | ISBN 978-3-95972-495-1

Finanziell intelligenter

Niclas Lahmer

Nicht nur in Zeiten von steigenden Energie- und Lebenshaltungskosten oder zunehmender Inflation ist es von entscheidender Bedeutung die Regeln des Geldes zu kennen und zu lernen, nach diesen zu leben. Doch an Deutschlands Schulen und Universitäten werden auch heute noch die Wahrheiten von gestern gelehrt, statt in einer Zeit des völligen Wandels das Wissen zu vermitteln, das es wirklich für den finanziellen Erfolg braucht.
In der Fortsetzung seines Bestsellers »Finanzielle Intelligenz« zeigt Niclas Lahmer die Gesetze finanziell erfolgreicher Menschen und die Regeln, nach denen diese spielen. Er enthüllt, wie jeder diese Regeln für sich nutzen kann, um finanziell intelligenter zu werden, dem Hamsterrad zu entfliehen und Geld für sich arbeiten zu lassen. Jene Formeln und Gesetze, die nach wie vor jungen Menschen an Deutschlands Schulen und Universitäten vorenthalten bleiben.

256 Seiten | Hardcover | 18,00 € (D) | 18,60 € (A) | ISBN 978-3-95972-654-2